Silvia Widmann

Wissenswertes der Meister des ersten göttlichen Strahls

Gechannelte
Botschaften

AF192158

Silvia Widmann

Wissenswertes der Meister des ersten göttlichen Strahls

Gechannelte Botschaften

© 2007 Silvia Widmann, A-2340 Mödling
Mail: s.widmann@gmx.at

Herstellung und Verlag:
Books on Demand GmbH, D-22848 Norderstedt

ISBN: 978-3-8370-0599-8

EINLEITUNG

Ich habe bereits in meiner frühen Kindheit oft die Zeit damit verbracht, mit der geistigen Welt in Kontakt zu treten und diesen Kontakt auch zu pflegen. Damals war es mir noch nicht bewusst, welche Grundlage ich mir dadurch für später schuf.

Es war mir selbstverständlich, um Hilfe zu bitten, und ich gebrauchte diese zur Genüge, um meine Schulzeit unbeschadet zu überstehen.

Damit kam auch großes Vertrauen zu meinen unsichtbaren Begleitern auf. Jeder Bitte um Hilfe bei Prüfungen und schriftlichen Arbeiten wurde entsprochen.

Ich war oft verwundert darüber, wo dieses Wissen, das ich da in meinen Gedanken vorgesagt oder eingegeben bekam, herkam, aber da ich ja schon immer im ständigen Dialog *mit mir selbst* stand, nahm ich es bald als selbstverständlich.

Es kam dann natürlich auch die Zeit, in der meine Interessen sich auf ganz irdische Bereiche verlagerten.

Mit etwa 24 Jahren - eine längere Beziehung war gerade am Scheitern - wurde ich durch eine simple Aussage meines Partners auf den langen Weg einer spirituellen Suche geschickt. Mit dem Satz: „Esoterik sei etwas für frustrierte Frauen über 30", weckte er in mir eine kämpferische Seite, die das Gegenteil beweisen musste.

Meine erste heimlich und vermeintlich unbeobachtet erstandene Literatur - es war mir einfach peinlich danach zu fragen - brachte mir große Erfüllung.

Ich durfte zum ersten Mal erfahren, dass es auch andere Menschen gab, die Erfahrung mit solchen Zuständen und Fähigkeiten hatten.

Leider gab es in meinem Leben noch für lange Zeit keine Menschen, mit welchen ich mich austauschen und mein Wissen teilen konnte.

So führte mich mein Weg quer durch die spirituelle Welt. Mir wurde immer von „höherer Stelle" das im Moment für meine Entwicklung Passende zugeführt. Interessanterweise fand ich in den Büchern die Bestätigung meiner gerade gemachten Erfahrungen. Und somit lieferte man mir immer die für mich sehr wichtigen Beweise. Das bedeutete auch, dass jede meiner Ausbildungen wie eine Sprosse auf einer Leiter zu betrachten war.

Erst als meine Familiensituation soweit entwickelt war, dass meine 3 Kinder meine ununterbrochene Anwesenheit nicht mehr benötigten, durfte ich wirklich aktiv werden. Ich bat um Klarheit über meine berufliche Zukunft in der spirituellen Richtung, und saß kurze Zeit später in einem Ausbildungsseminar für Rückführungsexperten. Dieses war das Wissensgebiet, das mich auch wirklich am meisten anzog. Machte es mir doch immer Freude, geistig die Vergangenheit der Menschen, die mir begegneten, zu ergründen. Was ich sah wurde damals von meinen Mitmenschen nicht ernst genommen, sondern eher in die

Richtung „zu viel Phantasie" abgetan, aber nun durfte ich es aktiv nützen.

Das schönste an dieser Ausbildung war aber ohne Zweifel, das nach Hause kommen. Endlich unter Gleichgesinnten zu sein, und sich auf spirituellem Gebiet austauschen zu können.

Nun hatte ich Aufgrund der Rückführungsbegleitung jederzeit die Möglichkeit zu erkennen, dass die Bilder, die ich „gleichzeitig" mit meinem Klienten sehen durfte, einer gewissen Wahrheit entsprachen.

Jetzt war es nur noch ein kurzer Weg.

Das Erlernen der automatischen Schrift brachte mir nun den direkten Zugang zu meinen geistigen Freunden. Und da alles immer gut begleitet und geführt war, wurde mir auch eine liebe und erfahrene Freundin zur Seite gestellt, die mir bei meinen weiteren Schritten beim Channeln und Sehen der Dinge Ihre Unterstützung und das nötige Vertrauen gab.

So entstand auch dieses Buch.

Zu Beginn waren es nur monatliche Schriften auf einer Webseite, die jetzt als Zusammenfassung in Form eines Buches in Ihren Händen liegen.

Ich würde mir wünschen, dass die Freude und die Liebe, die ich bei der Übermittlung dieser Infor-mationen durch die geistigen Freunde erfahren habe, den Leser ebenso erfassen können.

Auf diesem Weg bedanke ich mich bei allen die an der Entstehung dieses Buches beteiligt waren, sowohl hier in unserer irdischen Welt, als auch drüben in der geistigen Welt hinter dem Schleier, der durch solche Durchgaben immer mehr von seiner Dichte verliert.

Gechannelte Botschaften

4. Februar 2006

Ihr Geliebten!

In diesem besonderen Fall geben wir Euch zu verstehen, dass wirklich nichts Zufall ist.

Alles ist Teil eines göttlichen Planes und in jedem persönlichen Fall seines „eigenen" göttlichen Planes.

Alles was in Euer Leben tritt, in jedem Augenblick den Ihr in Eurem physischen Zustand seid, ist Teil eines Gesamtkonzeptes. Kein Ereignis tritt durch Zufall in Euer Leben – zumindest nicht unter Zufall, wie Ihr es seht – denn eigentlich ist es Euch *zu - gefallen*, also nicht zufällig. Ihr habt es in irgendeiner Form für Euch bereits bei Eurer Lebensplanung vorgesehen. Vielleicht als Situation, die das Erdenleben in eine neue Richtung lenken sollte, vielleicht als Gegebenheit oder Zusammen-treffen, das Euch neue Aspekte oder Gesichtspunkte bot oder als Unfall oder Verletzung, die Euer Verhalten bremsen oder gar zum Stillstand bringen sollten. Als <u>inkarnierter Mensch</u> habt Ihr vielfältige Möglichkeiten, damit umzugehen. Wenn Ihr bereits den spirituellen Weg eingeschlagen habt, zieht Ihr daraus Schlüsse. Es ist Eure Freiheit, die Entscheidungen zu treffen. Ihr könnt dabei Eurem Ego folgen, das für die Situation oft den einfachen Weg bereithält, aber nicht unbedingt den, der Euch am Schnellsten zum Ziel führt. In jedem Fall solltet Ihr Euch in der Liebe schulen, in der Demut und dem Mitgefühl für Euer Gegenüber. Das gibt Euch nämlich in Situationen, wo ein rasches Handeln gefragt ist, Sicherheit und Zuversicht. Es ist wie in der Schule, Dinge die immer und immer wieder geübt werden, gehen in Fleisch und Blut über und müssen im Notfall nicht erst lange überlegt werden. Wenn Ihr nun mutig Eure persönliche Schulung aufnehmt, dann trainiert Euch selbst und bewusst in all diesen Fertigkeiten, denen ausschließlich Liebe zugrunde liegt. Wir sind alle Meister. Wir sind alle Teile des Göttlichen. Aber wie in den irdischen Schulen gibt es die, die einfach vorne davonziehen, da es für sie ein Leichtes ist, Ihre Aufgabe zu meistern. Aber es gibt auch jene, die sich einfach treiben lassen, für die Zeit im Allgemeinen eine sehr dehnbare Konstante ist, die für sie eigentlich nicht greifbar ist. Sie genießen das Leben und lassen sich von diesem einfach davontragen. Diese brauchen dann natürlich länger für Ihre gestellten Aufgaben. Es bedeutet aber in keinem Fall, dass sie in irgendeiner Weise schlechter oder weniger wertvoll sind.

Aus diesem Grund wisset: Eure Aufgabe besteht immer nur darin Euren eigenen Weg zu meistern. Ihr habt nicht die Verantwortung für andere. Jeder ist sein eigener Meister und daher könnt und dürft Ihr nur helfen, wenn Ihr darum gebeten worden seid.

Missversteht nicht das Gebetenwerden, das umfasst nämlich nur die Handlung, die unmittelbar für das Geschehen wichtig ist. Alles andere fällt unter Synonyme wie Zwangsbeglückung, Zwang und Missionierung. Darauf reagiert euer Gegenüber meistens unwillig und Ihr verliert jeglichen Zugang.

Die Blockade hat das Ego übernommen und ist immer dann aktiv, wenn derjenige noch nicht verankert ist im allumfassenden Tun.

Jeder von Euch hat die Möglichkeiten offen. Meistens sind die Menschen, die sich in Eurem Umfeld befinden, bereits auf der Suche nach Zugängen. Aber es mag durchaus sein, dass ihnen die Situation, als auch der Mensch der dahinter steckt, Sorgen bereitet. Sie wissen nicht, was auf sie zukommt und daher verschließen sie sich und all Ihre Sensoren, um ja nicht mit unverständlichen Bedingungen belastet zu sein. In jedem Fall hat es ein großes Verstehen zur Folge, wenn man bereit ist, sich dem spirituellen Weg zu öffnen.

Habt keine Angst, wir stehen hier und begleiten Euch bei all Euren Aufgaben. Da Ihr, wo Ihr schon aktiv mit all diesen Themen beschäftigt seid, bereit seid, Auseinandersetzungen einzugehen. Ihr wisst, eine Gesellschaft wie die Eure braucht diese Dinge, um das System der Dualität aufrecht zu halten. Wie wäre es mit einem Ausflug in die Welt der „was wäre wenn" Gedanken?

Was wäre wenn du bewusst ob der spirituellen Welt bleiben würdest? Du wärst nicht bereit einen oftmals schweren Weg zu gehen. Du würdest früh schon – zu früh – das Spiel verlassen.

Was wäre wenn wir immer dieselben Spielpartner hätten? Es wäre eine große Unzufriedenheit, noch größer als sie jetzt schon ist, da ja jeder jede Rolle spielen möchte, um sein Spektrum einfach zu erweitern.

Wisset, der ganze Spielplan wurde eigentlich von vielen aus Euren Reihen mitgestaltet, daher seid Ihr auch alle die Meister im Licht.

In Liebe.
Die Euren.

12. Februar 2006

Geliebte Lichtfreunde!

Diesmal erzählen wir Euch alles, was Ihr über das System wissen sollt.

In unseren Kreisen gibt es eigentlich sehr klare Grenzen und Bereiche. In den meisten Fällen können wir bestätigen, dass jede Seele meist mehr als zwei Begleiter für sich zur Verfügung hat. Diese ständigen „guten Geister" sind auf Ihren Wunsch – es war eine gemeinsame Entscheidung, bevor die Seele wieder inkarniert – an ihrer Seite. Oft ist es nur bis zum Erreichen eines bestimmten Zieles, oft das ganze Leben lang.

Wisset, es kann kaum geschehen, dass sich eine Seele vollkommen allein vorfindet. Im Gesamtgefüge stehen in diesem Fall immer noch viele andere zuständige Instanzen zur Verfügung.

Meistens gibt es dieselben Führer lange Zeiten hindurch und die Seele ist durch sie oft bereit, Lernschritte zu tun oder auf den Lebensweg besser zu achten. Ein Wechsel dieser liebevollen Begleiter findet statt, wenn die Seele soweit fortgeschritten ist, dass die Führer nicht mehr befugt oder ausreichend instruiert sind, um weiterzugehen.

Oft kommt es zu neuen Themen, für das Spezialisten gefragt sind oder der Führer wird anderweitig gewünscht – sei es eine eigene Inkarnation oder Ähnliches.

Ihr seht, es hat alles seine Bestimmung, bei diesen

Geschehnissen gibt es keine Grenzen, die einge-
halten werden müssen. Jeder hat seinen freien
Willen und das beginnt bei der Lebensplanung,
Einhaltung und Durchführung. Daraus ergibt sich
bereits der nächste Punkt.

Eure Geistführer müssen gebeten werden!

Im Wachzustand, das heißt während Eures Erden-
tages, sind Eure Antennen meist gut verborgen und
tief eingefahren. Das Ego hat die Führung und lange
Zeit kann der Begleiter in diesem Zustand kaum zu
Wort kommen. Nächtens, während Ihr schlaft und
Euch tief im Traumland wähnt, seid Ihr damit
beschäftigt Euch in Euren Jenseitsbereichen aufzu-
halten. Dann tretet Ihr auch in den Austausch mit
Euren Freunden, die auch oft die Lebenssituationen
mit Euch besprechen. In den meisten Fällen habt
Ihr beim Erwachen alles wieder vergessen oder
besser in eine versteckte Ecke Eures Bewusstseins
geschoben, oft gibt es dann Gelegenheiten, wo
kleine Teile hervorblitzen und Ihr freut Euch über
die Erinnerung an einen wunderschönen Traum. Wie
gesagt, Ihr habt stets die Möglichkeit, in jeder
Weise an Eure Informationen heranzukommen,
wenn Ihr nur geduldig und dazu bereit seid. Ihr
wisst, dass Zeit hier bei uns kein Thema ist, alles
bekommt seine Ordnung, indem es im Fluss ist.
Niemand _weiß_ bevor er es in seiner kurz erschein-
enden Erinnerung hat, was dabei gemeint sei. Wir
hier sehen es gerne, wenn Ihr Euch mit diesen
Themen zu beschäftigen beginnt. Da wir dadurch
die Möglichkeit bekommen, Dinge zu vermitteln. Um
Euch dann im bewussten Zustand an allem, das wir

hier erleben, teilhaben zu lassen.

Keiner von uns empfindet Mitleid oder Scheu, in Konfliktsituationen dabei zu sein. Unsere Aufgabe ist es, bei Euch zu sein, um bei Anfragen oder Hilfestellungen sofort da zu sein.

Wisset, wir lieben Euch und oft ist es sogar so, dass es Teil unseres eigenen Wachstums ist, was wir mit Euch erleben dürfen. In den meisten Fällen haben wir uns den Dienst des hiesigen Begleiters oft miteinander geteilt. Einmal war der eine in der materiellen Welt inkarniert und dann der andere. In den meisten Fällen stammen wir aus einer großen Seelenfamilie oder aber aus der Monade. Jeder von uns kennt die Fehler, Tücken und Schwächen des Anderen, daher können wir uns auch gegenseitig diesen wunderbaren Schutz geben.

Wisset liebe Freunde. Hier im Licht ist alles einfach, jedoch auf Eurer, der anderen Seite des Vorhanges ist es so schwer. Aber das _schwer_ ist Eure Wahrnehmung und es liegt an Euch diese zu verändern.

Geht in die Lebensfreude und Leichtigkeit. Jedes Leben ist anders, aber Ziel ist es, jedes einzelne zu genießen.

Wir lieben Euch.

Die Euren.

11. März 2006

Geliebte Lichtfreunde!

Seid Ihr Euch eigentlich im Klaren, was es bedeutet, angeschlossen zu sein an göttliche Ebenen? Es erfordert in allererster Linie einiges an Bereitschaft und Disziplin. Niemand von uns hier kann wirklich darauf eingehen und empfinden, ja vielleicht in seiner Erinnerung, aber im Prinzip vergisst man schnell, wenn man sich in der Zeitlosigkeit einfindet.

Hier liegt es nur daran zu *sein*, mit all seinen Zellen der Göttlichkeit. Niemand gibt hier „Termine" vor, sondern die Dinge geschehen, weil sie einfach geschehen sollen. Das bedeutet, in dem Moment, wo Ihr für Euch wahrnehmt etwas zu tun, sind wir bereit.

Wie Ihr wisst ist ein Erdenleben begrenzt und in Eurer Dimension ist Eile und Bereitschaft ein großes Thema. Andauernd habt Ihr Angst, zu spät oder zu kurz zu kommen, nicht zu genügen usw. Aber eigentlich sollte das alles nicht ausschlaggebend sein, da einzig und allein wichtig ist, offen zu sein für die Veränderung und Aufforderung, die Ihr Euch in irgendeiner Weise vorprogrammiert habt. In dem Moment, wo Ihr nicht mehr Eure alten Erinnerungen und Handlungen als Muster und Vorgabe zu Rate zieht, habt Ihr bereits einen großen Schritt getan.

Wisset, nur die alten Muster blockieren Eure Handlungen. Von Inkarnation zu Inkarnation habt Ihr Euch selbst neue Fesseln an- und zugelegt. Ihr dachtet damit unsterblich zu werden, wenn Ihr möglichst viel an alter Erinnerung mitnehmt, da Ihr dann beim nächsten Mal besser gewappnet wäret. Aber im Laufe der Jahre und Leben stellte sich heraus, dass eigentlich nur noch mehr Ängste Eure Persönlichkeit regierten, zu Beginn triebhafte Ängste und später Ängste des Egos, enttarnt zu werden.

Nun ist es an der Zeit. Es stellt sich die Frage, wie weit kann man die Menschen mit Angst noch manipulieren und zu Handlungen drängen, die sie „in absoluter Bewusstheit" eigentlich gar nicht fähig wären zu tun. Es beginnt für viele immer klarer und klarer zu werden. Die Schleier lichten sich bereits.

Wisset, jede Art von Manipulation und Angstver-breitung funktioniert nur dann, wenn es im Spiegel reflektiert wird. Also beginnt einmal damit, diese abzubauen. Wenn Ihr offen seid, dann erkennt Ihr immer wieder, wo Ihr Euch Spiegel positioniert habt, um in ein altes Muster geführt zu werden. Ihr könntet es Euch zur Aufgabe machen, wöchentlich einen Spiegel immer wieder zu erkennen und damit zu arbeiten. Ihr werdet überrascht sein. Ihr selbst und die Menschen um Euch werden sich verändern, sei es in ihrer Persönlichkeit oder auch Person.

Es sollte Euch nicht mit Traurigkeit erfüllen, wenn Ihr Freunde wechselt und austauscht, da es ein gutes Zeichen für Eure Entwicklung ist. Habt einfach auch die Geduld, denn viele der Spiegel habt Ihr Euch gesetzt, um tief sitzende Verhaltensmuster aufzudecken. Denkt einmal an all die Seelen-verträge, die Ihr in den vielen Leben geschlossen habt. Vielleicht ist es deshalb ein Grund für Euch einsam zu sein oder immer die falschen Menschen um Euch zu haben. Dazu zählen nicht nur Eure Partner, sondern auch Geschäftspartner, Kollegen, Chefs oder sogar Lehrer und Kindergärtner Eurer Kinder. Also selbst für die Jüngsten unter Euch gelten diese Verträge bereits.

Wie wäre es, wenn Ihr bewusst all diese Vereinbarungen löst? Es gibt viele Möglichkeiten und die auf der lichten Ebene geschlossenen könnt Ihr Euch jederzeit zutrauen, alleine zu lösen. Für die mit dunklen magischen Verbindungen sucht Euch aber Hilfe, da beinahe jeder von Euch irgendwann einmal in eine solche Abhängigkeit oder Bruderschaft involviert war. Es bedeutet in keinster Weise eine Wertung, in welcher Form Ihr Teil daran gehabt habt. Im Gesamten ist es nur für Euch und Eure Entwicklung wichtig, um frei zu werden und aus gereinigten Wurzeln neu entstehen zu können. Es fühlt sich an wie bei einer Pflanze, die versucht ans Licht zu wachsen und die von sichtbaren und unsichtbaren Dingen behindert wird.

Sichtbare wären:

- Wassermangel (Mangel an Ernährung bedeutet ein Fehlen an Nahrung/Wissen)

- Würgepflanzen und sichtbares Unkraut, das teilweise sehr schön aussieht, aber trotzdem der Pflanze Licht (Lebensenergie) nimmt, sie vom Lebensstrom abwürgt und sie vielleicht auch aussaugt.

Zu den Unsichtbaren zählen:

- Nagende tierische Schädlinge oder
- Verschlingungen, die niemand erkennen kann oder WILL. (Dazu können wir beim Menschen all die Vereinbarungen zählen, die ungesehen und ungehört aus anderen Leben stammen und sich in den vielen Erdenzyklen angesammelt haben.)

Eine einfache Übung ist es, hier mit Hilfe von Erzengel Michael alle negativen Verbindungen zu durchtrennen, die Euch daran hindern, ganz in den Lebensfluss zu gehen. Die Bewegung mit der flachen Hand auf und ab vor dem Bauch ist dabei sehr hilfreich, da auch für das Ego eine sichtbare Handlung gesetzt wird. Stellt Euch all diese Verbindungen wie verschieden dicke Schläuche vor, die bei Euch am Bauch angeschlossen sind und durch die Eure Energie abfließt oder abgezogen wird.

Das Gefühl, nach solch einer Reinigung oder Klärung ist besonders, da es eine Ganzheit beinhaltet, die für viele von Euch noch nie verspürt worden war. Daher scheut Euch nicht davor, selbst zu beginnen um eine Veränderung herbeizuführen. Ihr seid Eure eigenen Meister im Tun. Niemand kann Euch dabei etwas abnehmen.

Seid gesegnet und in ganzer Liebe.

Die Euren.

18. März 2006

Ihr über alles Geliebten!

Wir sind hier mit Euch und eine große Freude ist in uns.

Wir beobachten Euch immer mit viel Liebe bei Euren irdischen Handlungen.

Jedes mal, wenn Ihr denkt, die Dinge für Euer Begreifen falsch zu machen, sind wir hier und beobachten Euch, mit welchem Mut Ihr an die verschiedenen Situationen herangeht.

Es ist schwer Mensch zu sein, denn die vermeintliche Abgeschnittenheit vom Göttlichen und der allumfassenden Liebe lässt Euch oft verzweifeln. Ihr denkt an Euren Gott, den Ihr glaubt aus der Religion zu kennen und verurteilt ihn dafür nicht mit seiner Unterstützung, bei Euch zu sein. Viele von Euch haben sich bereits von der gepredigten Religion abgewandt und sind auf der Suche nach Antworten, oft noch immer ganz im Außen orientiert und immer noch auf der Suche nach Verantwortlichen.

Aber wisset, es liegt nur an Euch selbst. Jedes Glück, jede Liebe, jeder Zustand des Seins, den Ihr Euch wünscht, könnt und sollt Ihr Euch selbst erschaffen. Es gibt nichts, das unmöglich ist. Viele Werkzeuge verwendet Ihr unbemerkt und daher oft auf eine falsche Art und Weise. Nehmt zum Beispiel die Sprache. Worte verlassen Eure Lippen mit einer Leichtigkeit, die oft Angst macht. Aussagen haben oft energetische Tiefen, die Ihr gar nicht wahrnehmt oder wahrnehmen wollt. Jedes gesprochene Wort ist Schwingung, die in den Raum gesendet wird. Nun liegt es ganz bei Euch, diese Schwingung zu beeinflussen. Ihr habt die MACHT, die Situation durch Eure Sprache zu steuern und zu verändern.

Jeder kennt die Situation, wo Worte des Zorns unüberlegt gesagt werden. Wie fühlt Ihr Euch dann? Ehrlichkeit ist in diesem Moment natürlich sehr wichtig, da sie Euch ganz tief in Euch selbst bringt. Zornig, in dem Augenblick ist alles „erlaubt" manifestiert Ihr Karma, das Ihr in kleinen Schritten erst wieder auszugleichen habt. Vieles ist schnell gesagt, aber immer richtet es sich letztlich gegen Euch selbst und verletzt Euch auch in diesem Sinne. Natürlich müsst Ihr auch beim Erlernen der überlegten Sprache Zeit, Mut und Arbeit investieren. Nichts funktioniert im „Augenblick.

Viel Zeit hat euer Ego gehabt, die Verhaltensmuster als absolute Wahrheit zu festigen. Jetzt müsst Ihr Steinchen für Steinchen wieder abtragen, um zu Eurem wahren Selbst zu gelangen. Achtet immer auf euer gesprochenes Wort. Versucht liebevoll zu sein. Jedes negativ verwendete „Ich Bin" manifestiert sich in Eurem Leben. Wie einfach wäre es doch, dieses "Ich bin" für Euch und die geliebten Menschen um Euch im positiv kreierend zu gebrauchen. Zu Beginn mag es schwer sein, gleich die richtigen Worte zu finden, aber mit Achtsamkeit könnt Ihr alles verändern.

Da es für viele immer einfach ist, die Fehler beim Anderen zu sehen – wieder ein Ego*fall* - könnt Ihr auch dort mit den Manifestationen beginnen. Jedes Mal, wenn ein Mensch und Mitbruder in euer Leben tritt, der Dinge sagt, die Euch verletzen, verwandelt diese Pfeile die auf Euch gerichtet sind. Nehmt ihnen die Kraft, indem Ihr sie beim Ankommen umwandelt.

Aufgrund Eurer Fähigkeit Euer Leben nach Euren Vorstellungen zu gestalten, reicht es aus zu denken wie Ihr es gerne möchtet.

Anstatt die Kraft des Egos für die Antwort zu verwenden, die ebenso zerstörend ist, benützt sie, um in liebevoller Weise die Worte in lichtvolle Leitsätze zu verwandeln. Jedes *du bist,* wird zu einem leuchtenden *ich bin* Wertvoll dabei ist auch die Erkenntnis, dass euer Gegenüber doch die Funktion des Spiegels einnimmt und dabei nur das ausspricht, was Ihr von Euch selbst denkt. Umso mehr habt Ihr jetzt durch das Wissen, die Kraft zu verändern. Jede Verteidigung auf der gleichen Schwingungsebene gibt dem Egoselbst die Möglichkeit, wieder zu wachsen. Daher kommt auch in Eurem Fall, die Ihr schon auf dem spirituellen Pfad seid, dabei dieser „schale" Beigeschmack. Selbst bei einem gelungenen Verteidigungsmuster fühlt Ihr Euch nicht wirklich wohl in Eurer Haut, da Euch unbewusst vollkommen klar ist, nicht in Liebe und Einklang mit Euch selbst gehandelt zu haben. Daher ergreift diese Möglichkeit des spirituellen Geistaufräumens. Ihr werdet die Leichtigkeit und Freude in Euren folgenden Lebenssituationen nicht mehr missen wollen. Es wird wie ein Spiel sein und bald wird Euch Eure Umwelt den Erfolg vor Augen halten. Die Sprache Eurer Mitbrüder und Schwestern wird eine andere sein. Ihr könnt ganz in Euer geistiges Wachstum gehen, da die Energie, die Ihr bisher zur Verteidigung eures getarnten wahren Inneren verwendet habt, in Liebe nach außen gegeben wird.

Daher wird euer Leben zur Freude und viele der mitgetragenen Ängste können sich verwandeln, da sie nicht mehr nötig sind.

Ihr seid unermesslich geliebt.

Die Euren.

4. April 2006

Geliebte!

Wir freuen uns mit Euch zu sein.

Habt Ihr Euch schon jemals überlegt, warum Ihr oft so unglücklich seid? Euch in Eurer Haut nicht wohl fühlt und bei allem was Ihr tun wollt unsicher seid?

Es ist ein Zeichen des Erwachens. In Euch beginnt der Samen der Erinnerung zu keimen. Der Vorhang lichtet sich. Entweder war es die Arbeit die Ihr während eures Schlafes geleistet habt, oder fixe Punkte in Eurem Leben, die Ihr Euch gesetzt habt, um die Erinnerung wieder zu wecken. In jedem Fall könnt Ihr es als Meilenstein in Eurem Leben anerkennen. Jeder, der beginnt, an seinem Verhalten zu zweifeln, der sich fragt, ob er immer oder in diesem Fall richtig handelt, erkennt seine angehende Bereitschaft, sich zu öffnen. Ihr habt Euch den Plan selbst ausgedacht, in jedem Leben treten die Dinge anders auf. Einmal gibt es ein Buch, dann wieder einen Menschen oder eine klärende Krankheit, die Euch das neue Denken ermöglicht. Nehmt es einfach an. Seid neugierig und wachsam. Beginnt mit Euch selbst zu arbeiten. Gebt Eure Kraft nicht in fremde Hände. Dieser Weg ist am erfolgreichsten, wenn Ihr Euch selbst die Möglichkeiten gebt, die Lösungen in Euch zu finden. Wir sind hier für Euch und jede Bitte um Hilfe kann von unserer Seite erfüllt werden. Es liegt an Euch, diese Türe zu öffnen. Da es uns nicht möglich ist einzugreifen, ohne gefragt worden zu sein, könnt Ihr es ausschließlich dann bekommen, wenn Ihr darum bittet. Es stehen hier unzählige Möglichkeiten zur Auswahl. Ihr habt Eure Geistführer, die Euch gut kennen und mit viel Freude zur Seite stehen. Es gibt Spezialisten, die Ihr mit „wissenschaftlichen, künstlerischen oder beruflichen" Fragen zu Hilfe bitten könnt. Weiters haben wir hier Engelwesen die mit Hingebung darauf warten, von Euch „ endlich" angerufen zu werden. Den normalen „Schutz" bieten sie Euch seit dem Tag Eurer Geburt, aber die vielen Zusatzaufgaben müsst Ihr Euch erbitten. Ehrt und schätzt sie, sie haben den Weg der irdischen Inkarnationen nie gewählt, daher haben sie gar keine Vorstellung der Details auf Eurem Lebensweg. Ihr solltet die Dinge, um die Ihr fragt, genau formulieren oder auch erklären, da sie somit auch besser ausgeführt werden können.

Mit wenigen Worten, alle Engelwesen haben die Befugnis, Euch Menschen zu unterstützen. Mit viel Geduld und Annahme warten sie auf Eure Bitten. Ihr könnt Eure Kinder in diesem Sinne von ihnen begleiten lassen. Solange Ihr damit nicht in vorgegebenes Karma eingreift, werden sie Euch bereitwillig zu Seite stehen. Wenn Ihr jetzt verwundert seid über das „vorgegebene" Karma. Oft mag es sein, dass unangenehme Situationen oder Auswirkungen nicht ganz zu verhindern sind, da sie für das Leben der betreffenden Person gewünscht worden waren. Das heißt, man kann davon ausgehen, dass Situationen gemildert werden können, wenn Bereitschaft und Verstehen einsetzt. Aber oft nicht ausgeschlossen werden können, da die Prägung für die verschiedenen Lebenswege wichtig ist.

In allen diesen Fällen ist es aber trotzdem möglich, um Hilfe zu bitten. Sei es um die Sache zu erleichtern, zu beschleunigen oder auszuschließen. Oft kommt es zu Unaufmerksamkeiten, die große Folgen haben. Wenn man dabei erkennt, was nicht gut gelaufen ist, kann man diese eingrenzen und da dürfen dann die Engel ins Geschehen eingreifen.

Habt Ihr schon einmal diesen kühlen Hauch gespürt, der plötzlich da ist und Euch das Gefühl von Sicherheit gibt? Das sind sie, die Euch helfenden Engelwesen. Nicht umsonst werden ihnen diese bekannten Flügel angedichtet, denn wie hätte man sonst diese Luftbewegungen erklären können. In Wahrheit ist es eine sehr hohe Energieschwingung, die sich mit der Veränderung der Umgebungstemperatur bemerkbar macht.

Seid Euch gewiss, dass Ihr in jedem Fall versuchen solltet, diese Mittel in Anspruch zu nehmen.

Ihr könnt es mit Eurem Verstehen gleichsetzen, indem Ihr Euch vorstellt, wie es sich anfühlt, um etwas gebeten zu werden. Wie sehr seid Ihr bereit, die Dinge zu erfüllen, die mit Ehrlichkeit an Euch herangetragen werden? Es gibt Euch doch ein Gefühl von Freude und Liebe. Je klarer die Bitte, desto sicherer seid Ihr Euch. Genauso geht es unseren Engelfreunden.

Sie *können* nur, wenn sie *dürfen* und sie wachsen richtig über alles hinaus, wenn Ihr Eure Bitten genau formuliert. Jeden Tag ein paar Minuten Zwiesprache mit ihnen und Ihr werdet Ihre Freude auf Eure Erde mitnehmen können, und von Tag zu

Tag kann mehr Energie fließen und Ihr werdet die Veränderung für Euch und euer Leben bald erkennen können.

Ihr seid unermesslich geliebt.

Die Euren.

17. April 2006

Geliebte Freunde im Licht!

Heute haben wir ein großes Anliegen. Euch zu erklären wie Ihr Euch in den geistigen Welten bewegen könnt. Jedes Mal, wenn Ihr Euch dazu ermutigt los-zu-lassen von Eurem Tagesgeschehen, geschieht etwas Wunderbares. Ihr begebt Euch in einen Raum, wo Ihr in Verbindung tretet mit Eurer göttlichen Essenz. Dies muss nicht unbedingt in einer langen Meditation geschehen, es reicht einfach vollkommen, wenn Ihr in Euch selbst geht. Auch für einen nur kurzen Augenblick und dabei vernehmt, welche Aufgaben Ihr habt und wie sie zu bewältigen sind.

Dies geschieht im Moment der Verbindung mit Eurem Höheren Selbst. Geht ganz in euer Herzzentrum, atmet einige Male tief hinein und stellt Euch vor, es würde die Sonne aufgehen. Immer mehr und mehr Licht nehmt Ihr bei jedem Atemzug in Euch auf. Wenn Ihr glaubt ganz voll zu sein, öffnet euer Herz ganz und vollkommen, ohne Vorbehalte, es kann Euch nichts geschehen, und lasst diese wunderbare Energie durch Euch in Eure Umwelt fließen. Dann stellt, wenn Ihr das Gefühl habt im Fluss zu sein, eine Verbindung zu Eurem Höheren Selbst her. Indem Ihr sagt, *ich bin eins, verbunden in Liebe mit meinem Höheren Selbst jetzt.* Und Ihr werdet spüren, welche mächtige Größe Ihr erlangt. Und wisset, das seid Ihr und diese Energie ist immer und jederzeit mit Euch. Ihr braucht sie nur wahrzunehmen und Ihr seid bewusst damit verbunden.

Es wäre auch eine Möglichkeit für eine Meditation, Ihr habt alle Wege offen dabei tiefer vorzudringen in Euer Bewusstsein. Ihr könnt Dinge, die Euch betreffen, dabei zur Klarheit bringen, seien es irdische oder göttliche. Ihr könnt geistig reisen, um Verbindung zu Euren Lehrern aufzunehmen. Aber Ihr könnt Euch auch reinigen, heilen oder beruhigen, geistig und körperlich.

In diesem Sinne sollte diese Meditation etwas sein, das Ihr gerne tut, aber nicht erzwingt, in der Vorstellung, damit auf dem Weg schneller vorwärts zu kommen. Es reicht auch schon vollkommen aus, wenn Ihr es Euch zur Grundaufgabe macht, in Situationen des täglichen Lebens sofort und ohne Zögern in diesen Zustand zu gehen. Es bedeutet natürlich nicht, dass Ihr Euch hinsetzt und in einen meditativen Zustand geht, während um Euch herum das Leben weiterfließt. Nein, Ihr sollt Eure Multifunktionalität benützen. Eure Gehirnhälften sind geteilt und Ihr könnt lernen, in Euch selbst einen Raum zu schaffen, der dies jederzeit bewerkstelligen kann.

Nehmt folgende Situation an: Eine Partnerschaft, sei es familiär oder beruflich. Die Wogen schlagen hoch, es gibt Ungereimtheiten, welcher Art auch immer, Ihr spürt bereits die Emotionen hochkommen. In diesem Moment, leitet einen Atemzug bewusst ins Herzzentrum, um es zu öffnen – ja öffnen - es gibt keinen triftigen Grund, es zu verschließen! Dann strahlt die wunderbaren transformierten Energien aus und Ihr werdet erstaunt feststellen, dass sich vielleicht auch unmerkliche (für den Anderen) Kleinigkeiten zu verändern beginnen. Dann geht blitzschnell in Euer Höheres Selbst, seht den Anderen - Euren Partner in jeder Hinsicht, da Ihr in dieser Situation bereits wieder und wieder gewesen seid, um eine Lektion zu erkennen und zu lernen – ebenfalls alles das lichtvolle strahlende Wesen, und fragt nach dem richtigen Weg, oder aber bittet einfach um Hilfe. Es sind drei kurze Momente, die es benötigt, um dort hin zu kommen, aber es ermöglicht Euch größtmögliches Wachstum. Ihr seid in diesem Moment mit Eurem Gesamtwissen ver-bunden und schöpft daher aus einem Topf von vielen, vielen Möglichkeiten, die aber bei der Verbindung mit Eurem Höheren Selbst immer den „eigenen" Lebensweg und die Liebe zugrunde haben.

Eigener Lebensweg bedeutet, die Emotionen Eurer Spielpartner haben in diesem Moment keinen Einfluss mehr auf Euch, da Ihr ausschließlich mit Eurem Weg in Verbindung seid. Bei fortge-schrittener Erfahrung mit dieser Vorgehensweise werdet Ihr erkennen, dass sich der Vorgang automatisiert. Auch wenn er zu Beginn schwierig wirkt, denn ehrlich, wer möchte sich, wenn er gerade ganz in seine Emotionen geht, auf die „spirituelle" Richtung konzentrieren? Man kann ja nicht sein Gesicht verlieren, man möchte kämpfen.

Wisset, es ist nur das Ego, das hier zum Vorschein kommt. Ihr seid fähig zu erkennen. Und Ihr könnt „einfach lernen", dieses großartige Ego umzuwandeln, zu verändern, auszuschalten.

Aber immer mit Liebe. Denn in Wahrheit hat es Euch große Dienste erwiesen und wird nicht funktionieren wenn Ihr es ungeliebt zur Seite schiebt. Es wartet dann nur auf den Moment, auf die richtige Situation, um ungebremst hervor zu kommen und sich wieder perfekt in Szene zu setzen.

Dies könnt Ihr verhindern, wenn Ihr es als Partner in Euch betrachtet, den Ihr – in Gedanken - immer hoch schätzt, aber seine Mitarbeit dankend ablehnt. Wenn Ihr mutig daran bleibt, werdet Ihr erkennen, dass es wichtige Aufgaben immer noch perfekt übernehmen kann. Aber in Situationen, wo Ihr „wisst", bereits anders handeln und reagieren zu können, ist es fehl am Platz.

Zu den zuvor beschriebenen Aufgabenstellungen: gebt Euch viel Zeit und viel Liebe und nochmals Anerkennung für jeden Erfolg, den Ihr selbst erkennen könnt. Es ist vor allem die Übung und die Regelmäßigkeit, die wichtig ist.

Ihr könnt nicht von Anbeginn Meister sein, da Ihr auf der Erde inkarniertet, um zu lernen.

Tut alles mit Freude und Ihr werdet erfolgreich sein.

In großer Liebe.
Die Euren.

9. Mai 2006

Geliebte Lichtfreunde!

Schön ist es, mit Euch zu sein.

Heute möchten wir einfach über den großen Begriff Anerkennung sprechen.

Für Euch ist dieses Wort sehr einfach. Anerkennung bedeutet, damit einverstanden zu sein, was ein anderer tut und ihn dafür zu schätzen. Sei es aus materiellen Gründen oder aus anderen Werten oder Wertvorstellungen heraus. Aber kann man Anerkennung nicht ganz anders sehen. Versucht einmal ganz bei Euch zu bleiben. Wann seid Ihr bereit, Anerkennung zu geben? Ist es nicht in Wahrheit so, dass Ihr sie spürt, wenn ein Mitbruder etwas leistet oder tut, dass Ihr selbst noch nicht fähig wart zu meistern?

Es ist völlig unwichtig in welchem Bereich eures Lebens diese Erkenntnis auftritt, sei es im Beruf, in der Familie oder im Freundeskreis. Ihr erkennt an, dass ein Mensch etwas Besonderes, zumindest in Euren Augen, geleistet hat. Wenn Ihr jetzt einmal ganz in diesem Gefühl bleibt und wirklich ehrlich mit Euch seid, welche Regung zeigt sich sofort und im Anschluss daran. Ganz ehrlich!

Ja, es ist Neid und Missgunst und daraus folgend Bemerkungen und Einwände, die mit Worten die erbrachte Leistung zu schmälern suchen. Warum kommt es dazu? Das Ego macht sich stark, da es mit Liebe und Freude gegenüber Anderen oft nicht umzugehen weiß. Für euer Ego ist es wichtig, erster zu sein. Bei allen Dingen, da es sich dabei von den Anderen abzuheben sucht und sich in eine bessere Position zu bringen trachtet. Viele Male war es nützlich für Euch, da es dadurch die Möglichkeit gab, abgetrennt und besser als die Anderen zu scheinen. Es hielt Euch in einem Konkurrenzkampf, der so erst alle verschiedenen Egospiele ermöglichte.

In dem Moment, wo Ihr die Sache zu durchschauen, und der Vorhang sich zu lichten beginnt, habt Ihr Klarheit.

Wahre Anerkennung beginnt bei Euch selbst.

Es ist gar nicht nötig, sich mit den vielen zur Verfügung stehenden Egos zu messen. Wenn Ihr in Euch das Licht seht, das vielleicht nur noch durch einen dünnen Mantel bedeckt gehalten wird, habt Ihr die Anerkennung Euch als strahlenden göttlichen Lichtwesen zusteht.

So könnt Ihr auch erkennen, dass es keinen Wert hat, über Andere zu urteilen, denn in diesem Moment, wo Ihr beginnt Euch göttlich zu sehen, erkennt Ihr, dass jeder Einzelne um Euch herum ebenfalls göttlich ist. Ihr kommt alle aus einer Quelle und Ihr kehrt letztendlich alle zu dieser Quelle zurück. Egal wie lange Ihr braucht, jeder geht seinen, oft auch einsamen, Weg um zurück zu kehren. Aber Ihr erleichtert Euch vieles, indem Ihr Eure Art diesen Weg zu gehen und jede andere der vielen tausend und abertausend Varianten, annehmt als göttlich.

Viele Worte brauchen dann nicht mehr gesprochen

zu werden. Worte, die die Energie um Euch herum senken und verunreinigen, sie einfach verdichten. Ihr habt jede Minute die Wahl. Anerkennt Euch selbst als die geschaffenen Lichtwesen, die in dicken materiellen Körpern stecken. Und Ihr werdet sehen. Euer Leben wird sich nach und nach klären, und Eure Entscheidungen werden immer einfacher werden, da Ihr Eure Wege plötzlich klar erkennen könnt.

Möge Liebe mit Euch sein.

Die Euren.

16. Mai 2006

Ihr Geliebten!

Viel geschieht im Moment in Eurer Welt. Es gibt unzählige Veränderungen, die für viele von Euch schwierig zu bewältigen scheinen. Aber wisset, es ist immer Euer Weg und der, den Ihr zu gehen bereit seid. Niemand kann Euch etwas vorgeben oder abnehmen. Es gibt den ausgewählten Weg, den Ihr plant, bevor Ihr in der dualen Welt inkarniert. Ihr habt ihn genau und mit Hilfe vieler Begleitpersonen und Lehrer geplant und vorbereitet. Viele Umstände wurden berücksichtigt und alle Mitspieler koordiniert. Dann seid Ihr bei Euren Familien gelandet und den Weg des Vergessens gegangen. Und hier beginnt das Abenteuer jedes Einzelnen.

Denn es ist einfach nicht vorhersehbar und planbar, wie Ihr dann im Einzelfall reagiert und agiert. Ihr besitzt einen Körper, der zusätzlich eine Eigen-dynamik entwickelt. Ist es ein starker williger Körper, der bereit ist seinem Geist zu dienen, oder ist es eine Hülle, die kontraproduktiv agiert. Mit Eurem Körper ist es so eine Sache.

Es gibt nicht so viele zur Auswahl und man sollte immer bedenken, dass man achtsam und mit Ehrfurcht damit umgehen sollte. Denn ein guter und wohlerhaltener und gesunder Körper ist das Beste für einen starken Geist. Es liegt dabei ausschließlich an Euch, ihn mit Nahrung, Bewegung und Licht zu füllen und davon könnt Ihr dann die Qualität erwarten, die Euch beim spirituellen Wachstum unterstützt. Daher achtet darauf, ihm nur das Beste an Schwingungsenergie in Form von Nahrung und Luft und Licht zuzuführen.

Mit der Zeit ist es wie bei einem Auto. Zu Beginn macht schlechte Wartung keinen Unterschied, jedoch mit den Jahren beginnt man zu merken, woran man falsch gehandelt hat. Ihr solltet wissen, dass es möglich ist, alles alleine durch die richtigen Gedanken und Bitten in höhere Schwingung zu versetzen. Es ist also nicht unbedingt nötig, die besten Nahrungsmittel zu erstehen, sondern das Erlernen von Techniken, die es Euch ermöglichen, Eure Nahrung höher schwingen zu lassen.

Es reicht oft schon, sich einfach mit der höchsten göttlichen Kraft zu verbinden und dann zu bitten, dass die Mahlzeit für Eure Bedürfnisse gewandelt würde.

Erwartet Euch keine großen Ereignisse, es ist einfach Eure Anerkennung, und die Anerkennung der hohen göttlichen Quelle, die das ermöglicht. Ihr werdet erkennen, dass Dinge sich mit der Zeit unbemerkt verändern. Ihr werdet im gesamten einfach energievoller und gesünder sein.

In diesem besonderen Fall sind es auch nur Eure eigenen Gedanken, die Euch zum Schöpfer werden lassen. Somit könnt Ihr Euch die Bedingungen verbessern, und damit für Euren Körper bestmöglich zu verwenden. Ihr habt Euren Weg geplant und so geht Ihr geradewegs seiner Erfüllung nach. Zurück-kommend auf Eure vorgeburtlichen Pläne. Ihr seid nun auf der Erde inkarniert, alles habt Ihr vergessen und nun die große Frage, wie finde ich meinen Weg?

Glücklicherweise gibt es einen Zugang, der niemals verloren geht und das sind Eure Träume. Während der Nacht seid Ihr wieder in Eurer Heimat, am Platz eures Ursprungs. Und daher auch in der Lage, in Kontakt zu treten mit Euren Führern, Lehrern und weisen Freunden. Ihr habt dabei die Möglichkeit, Dinge zu verarbeiten, verschiedene Wege zu erkennen und eine gewisse Wahl zu treffen. Mit dem Aufwachen ist meist oberflächlich alles vergessen, aber im tiefsten Inneren nehmt Ihr genügend Informationen mit, die Euch im Tagesbewusstsein gut unterstützen können.

Natürlich nur dann, wenn Ihr die Bereitschaft verspürt, auf Eure Intuition und innere Stimme zu hören. Wer von Euch kennt nicht diese Vorahnungen, Erwartungen und gewissen Reaktionen auf verschiedene Situationen. Es ist einfach euer Unterbewusstsein, das zu Wort kommen möchte. Darum scheut Euch nicht, den gewagten Schritt zu gehen und auf diese oft noch leise Stimme zu hören.

Ihr könnt sogar im stummen Zwiegespräch in den Dialog gehen und Ihr werdet sehen, wie leicht euer Lebensweg plötzlich zu erkennen ist. Nicht immer ist das Mittel zum Zweck angenehm, aber in den meisten Fällen bringt es Euch weiter. Die Möglichkeit ist immer und jederzeit da, Ihr müsst sie nur ergreifen.

Vollkommen frei von jeder Art von Angst, wagt es Eure innere Stimme anzuerkennen.

Sie wird Euch ohne Zweifel auf den direkten Weg zu Eurer Aufgabe und Bestimmung bringen, nämlich die, die Ihr Euch mutig gewählt habt.

Wir lieben Euch unermesslich.

Die Euren.

21. Mai 2006

Ihr Geliebten!

Schön ist es, hier mit Euch kommunizieren zu können. Nicht alles, das für Euch Wahrheit ist, ist auch wirklich wahr.

Nehmt einmal Eure eigene Wahrnehmung. Täglich seht Ihr mit Euren Augen Dinge, Ihr fühlt sie und reagiert auch darauf. Aber ist es wirklich Wahrheit? Ihr seid darauf konditioniert, die Gegebenheiten mit Eurem Vermögen zu beurteilen. Aber woher kommt dieses Vermögen? Dürfen wir Euch bei der Klärung dieser Gedanken vielleicht unterstützen?

Wie Ihr ja wisst, hat alles seine Ursache. Die Wirkung ist eine Folge davon. Wenn Ihr also etwas in Bewegung setzt, habt Ihr die Folge, wie auch immer, wo auch immer und wann auch immer zu tragen. Wisset, die Ursache liegt in E U R E N Möglichkeiten. Ihr setzt die Grundsteine für jeden weiteren Verlauf, sei es heute oder morgen oder aber schon gestern gewesen. Mit einem Wort, Ihr tragt heute die Lasten auf Euren Schultern, die Ihr Euch über Inkarnationen und Inkarnationen mit-genommen habt.

Ihr wart lange Jahre unbewusst, aber mittlerweile habt Ihr schon einen langen Teil Eures Weges bewältigt und kommt nun auf die Zielgerade. Für viele von Euch bedeutet es Aufregung und große Erwartungen vor dem, was zu kommen hat. Aber im Moment seid Ihr noch am Weg. Eure Werkzeuge habt Ihr Euch teilweise mühevoll erarbeitet, die klare Sichtweise ob der Situation hinter dem Schleier zum guten Teil wieder erlangt, jetzt fehlt es nur noch an Durchsetzungen in den Punkten, die Euch schon oft zum Scheitern gebracht haben.

Wisset, jeder Einzelne von Euch, hat sich zu Beginn ein Thema gewählt, das die Seele am meisten beschäftigte. Dieses Thema hat Euch in Eure ersten karmischen Muster verstrickt und Euch immer tiefer und tiefer in das Vergessen sinken lassen. Ihr habt Euch nur durch nächtliche Erinnerungen – denn die Materie ist zu dicht, um diesen Vorteil auch während des Tages zu genießen – wieder auf Euren Weg bringen lassen.

Ihr steht wie schon gesagt kurz vor Eurem Ziel. Die letzten wichtigen Handlungen sind jetzt an Euch, den Ursprung und die wahre Aufgabe klar zu erkennen. Zögert nicht, jede Hilfe anzunehmen und sie auch zu fordern. Es stehen Euch ganze Scharen von Helfern zur Verfügung, die sich wirklich darüber freuen oder eher sogar darauf warten, Ihre Unterstützung geben zu können. Einige von Euch machen davon bereits Gebrauch. Aber für viele ist es immer noch ein nicht gewagter Schritt, um fremde – unsichtbare - Hilfe zu bitten und sie dann auch noch anzunehmen. Probiert es doch einfach. Ihr Zweifler, merkt Ihr nicht, dass da nur wieder Euer Ego mitspielt und Euch damit beweist, dass es nur eine Wahrheit gibt, nämlich die, die Ihr sehen, hören und fühlen könnt. Wagt doch dieses Experiment. Ihr verletzt niemanden dabei.

Räumt auch auf mit Euren alten Gedankenmustern und Versprechungen, die tief in Euch begraben sind und Euch immer noch von diesen Schritten abhalten. Ihr lebtet schon viele Male und dabei ging auch vieles zu eueren Ungunsten aus. Das wunderbare Ego hat sich alles gemerkt und warnt Euch einfach immer noch davor. Geht diesen Schritt vorwärts in Eure wahre Göttlichkeit und werdet zu Eurem eigenen Schöpfer. Ihr kreiert Euer Leben, jede einzelne Sequenz davon. Jeder Gedanke, jede Handlung schafft entweder neues Karma oder bringt Euch Eurem Ziel wieder einen Schritt näher. Daher achtet auf alles, was Ihr tut. Mit Eurem erweiterten Bewusstsein und Eurem Wissen, das Ihr Euch wieder angeeignet habt, Ihr seid auch Wegbegleiter für viele Seelen, mit denen Ihr hier inkarniert seid. Jeder von Euch, der sich bereits am spirituellen Weg befindet, hat die Aufgabe gewählt, die wahre Liebe und Anerkennung, so gut es möglich ist, zu manifestieren und vorzuleben, aber nicht vorzuschreiben.

Daher nehmt Eure Aufgabe dankbar an und schreitet voran, Eurem bereits erkennbaren Ziel entgegen.

Ihr seid über alles geliebt.

Die Euren.

27. Mai 2006

Ihr Geliebten!

Ja viel verändert sich in der Welt um Euch herum. Täglich gibt es Berichte von Todesopfern aus verschiedensten Gründen. Seien es familiäre Streitigkeiten, politische Auseinandersetzungen oder große politische Differenzen, die immer wieder Angst entstehen lassen.

Dazu kommen Katastrophen, die durch menschliche Fehler ausgelöst werden und solche, die durch die Macht der Natur entstehen. Alles das scheint Euer Leben auszufüllen.

Zusätzlich werdet Ihr noch unter Druck gebracht indem man Euch, um neue medizinische Errungenschaften zu vertreiben, große Krankheiten aufzeigt, die *plötzlich* zu mutieren scheinen. Wie fühlt Ihr Euch eigentlich dabei?

Habt Ihr schon jemals darüber nachgedacht, ob das alles WAHRHEIT ist und vor allem, ob es Eure Wahrheit ist?

Viele dieser Dinge werden ausschließlich dazu benützt, um die Menschheit zu führen und im *Griff* zu haben.

Stellt Euch vor, es gäbe diese ganzen negativen Angstmacher nicht mehr oder besser sie werden nicht mehr so umfangreich *manifestiert.*

Wie Ihr bereits wisst, ist Sprache oft wie eine Waffe. Wenn weltweit auf Fernsehsendern eine bestimmte

Wahrheit verbreitet wird, erzeugt man auch eine bestimmte Energieform oder ein Energiefeld, das die Menschen gefangen hält. Gefangen in einer Form von Illusion, die sie aus eigener Kraft *scheinbar* nicht bewältigen können. Es treten dann Staatsmänner auf, die nun Fronten zu klären beginnen, Mediziner, die plausible Erklärungen bringen und nicht zu vergessen, arme in Not geratene Betroffene. Ihr verfolgt das nun alles durch Eure „Medien" und tiefste Ängste werden aktiviert. Viele davon unbewusst. Und da viele Menschen dankbar sind, von Ihren eigenen Sorgen und Problemen ferngehalten zu werden, beschäftigen sie sich nun mit den Problemen der Anderen. Sie tun Gutes und wollen helfen, sie wollen verhindern und sie nehmen einfach Anteil. Somit sind sie ferngehalten von Ihren Nöten und das System funktioniert. Stellt Euch jetzt einmal vor, wie man das alles ändern könnte. Vielleicht bekommen einige das Gefühl, fehlgeleitet zu werden, denn ist es nicht unsere Pflicht, Anteil zu nehmen und Mitleid zu haben für unsere Mitbrüder und Schwestern? Soll man sich nicht permanent auf dem Laufenden halten und gut informiert sein darüber, was auf der Welt geschieht?

Betrachtet das Ganze nun einmal völlig sachlich und emotionsfrei. Jedes einzelne Wesen auf dieser Erde hat *seine* Aufgabe und sein eigenes Karma. Man hat sich die Dinge gut vorbereitet und *ausgedacht,* bevor man inkarnierte. Niemand hat sich vorgenommen persönlich die Welt zu retten, sondern ein jeder ist gekommen, um Schritte am Weg zur Beendigung seines Karmas zu gehen.

Wie passt nun das Ganze zusammen? Es gibt immer positive und negative Energien. Solange die Dualität das Thema ist, wird es zwei Seiten geben. Macht ist in vielen Fällen ein Teil dieses Spieles. Zur Macht, wenn man sie nicht wirklich im positiven verwendet, gehört auch die Menschen zu steuern und damit zu manipulieren, um sie für die geplanten Zwecke verwenden zu können.

Ihr könnt dieses Spiel auch im kleinen Umfeld Eurer Familie betrachten. Der Stärkste hat die Fäden in der Hand. Früher war es fast immer der Mann, da er meistens das Sagen hatte. Heute übernehmen auch die Frauen und die Kinder diese Rolle. Und wieso kommen sie in diese Situation? Weil auch sie die Fähigkeiten mitbringen zu manipulieren und Angst zu aktivieren.

Seht Euch um und seid ehrlich zu Euch selbst, wann unterwerft Ihr Euch, auch im Wissen, dass es nicht richtig ist? Wenn Ihr – besser Euer Ego – glaubt, nicht mehr zu genügen. Ihr denkt Euer Leben, Eure Sicherheit, Eure Gesundheit oder Euer Frieden ist in Gefahr. Jetzt beginnt Ihr Euch *anzupassen* und der Machthaber, der Bestimmer hat Euch in der Hand und Ihr glaubt alles, das er vermittelt. Glücklich wenn es etwas Gutes ist und ängstlich, wenn Negatives auf Euch zukommt.

Nun es ist nicht immer so extrem. Es gibt natürlich ganz subtile Situationen und solche, bei denen es ganz klar ersichtlich ist. Wie im Kleinen so im Großen. Wie in der Familie (bei Euch selbst) so in der großen Welt (Politik). Ihr habt Euch Eure Aufgabe gewählt. Ihr habt Euren Charakter, Euer

Unterbewusstsein, Euer Ego durch viele Inkarnationen gebildet. Die Informationen, die für Euch gültig sind, sind *nur* in Euch zu finden. Niemand kann Euch erklären, wie Ihr Euer Leben zu leben habt, sowie Ihr niemanden seines vorschreiben dürft. – Wie im Kleinen, so im Großen - die alleinige Verantwortung liegt immer nur bei Euch selbst. Somit kann man auch den Satz verstehen: "Jedes Volk hat den Herrscher, den es braucht und wünscht." Und damit erschafft es sich auch die Grundlage und Bedingungen, unter welchen Umständen es zu leben hat. Sei es nun im scheinbaren Reichtum oder in großer Armut. In einfachen Glaubensverhältnissen oder großen geistigen Errungenschaften. Macht Euch keine „Sorgen" über die Verhältnisse anderer.

Natürlich könnt Ihr unterstützen, aber eigentlich hat jeder seine Situation ganz bewusst gewählt, nämlich um sein persönliches Karma abzutragen. Seid Euch gewiss, auch Ihr selbst habt solche schwierigen Situationen schon einmal erlebt. Jetzt seid Ihr hier, um die Aufgaben in Eurer eigenen „kleinen" Welt zu bewältigen. Gebt die Angst ab.

Ihr seid immer liebevoll begleitet und Ihr wisst, dass Euch im Außen niemand vor irgendetwas „beschützen" kann. Außer Ihr selbst in Eurer Göttlichkeit.

Ihr seid unendlich geliebt.
Die Euren.

5. Juni 2006

Ihr Geliebten!

Ihr bemerkt es doch selbst, Ihr verändert Euch. Vieles das früher noch sehr schwierig war, wird selbstverständlich und vieles, das vor wenigen Jahren noch etwas Besonderes war, kann nun von vielen von Euch bereits in den Alltag aufgenommen werden. Was ich meine ist, der dauerhafte Zustand, die Form Eures Anschlusses an die geistige WELT; und die Möglichkeit der Zwiesprache mit uns. Vieles war bis vor ein paar Jahren nicht möglich. Zum Beispiel eine Verbindung zu Euren geistigen Führern, die so klar zu verstehen war.

Ihr musstet, hier sind die älteren unter Euch gemeint, denn ich spreche von der Zeit vor 1989, oft lange Zeit damit verwenden, einen klaren Zugang zu uns zu bekommen oder aber klare Durchsagen zu empfangen.

Der Grund war die sehr dichte Materie, die wie ein Mantel aus Teer über Euch lag. Es war Euer eigenes Verhalten und der geistige Zustand des größten Teiles der Menschheit, der dies verursachte.

Wir durften dann ein bisschen eingreifen und helfende Klärungsarbeit betreiben, natürlich nur mit Eurer Einwilligung und Eurem Zutun. Viele waren schon bereit und in freudiger Erwartung, an dieser geistigen Veränderung beteiligt zu sein. Ungeborene *neue* Kinder waren in den Startlöchern, um den neuen Energiezustand zu vertiefen und auszunützen. Und es veränderte sich. Ihr wart in größter

Bereitschaft alles dazuzutun, um diesen wunderschönen Planeten wieder in Harmonie zu bringen.

Wisset, Eure Erde ist ein lebender Teil von Euch. Lange Zeit war sie bereit die Schwere, die durch Euer Verhalten in der Dualität erzeugt wurde, zu tragen. Aber wie Ihr es ja auch von Euch selbst kennt. Es wird ein Punkt erreicht, wo es genügt und man nicht mehr bereit ist, Altes zu er – tragen. Man schüttelt sich frei und beginnt die Situation zu verändern. Betrachtet nun einmal, was in den letzten 20 Jahren so geschah - und Ihr werdet erkennen, welche Bedeutung es hat. Seht die Erde als Teil von Euch. Ihr könnt sie von vielen Lasten befreien, indem *Ihr sie* geistig unterstützt.

Dazu gehört zum Beispiel Energiearbeit in jeder Form. Dichte Materie gehört transformiert. Anhaftende Energie soll ins Licht gebracht werden. Die von Euch – die Ihr bereits mit Energiearbeit vertraut seid - wendet doch täglich ein wenig Zeit auf, um Arbeit nur für die Erde zu leisten!

Ihr seht darin oft nicht die Notwendigkeit, aber wisset Ihr alle seid miteinander verbunden, jeder ist Bruder seines Nächsten. Ihr habt ein Gemeinsames, aus dem Ihr alle schöpft, und das ist die Luft die Ihr atmet, das Prana.

Nun betrachtet diese Luft einmal genauer, sie ist unrein und verschmutzt. Die ursprüngliche Klarheit und Reinheit ist getrübt durch verschiedenste Gifte, in Form von Abgasen, Rauch und Emissionen anderer Art. Weiters betrachtet die Energie, die ununterbrochen durch Sprache, Gefühle und

Emotionen in diesen Äther gesandt wird. Ist diese immer sauber?

Zusätzlich gibt es auch noch Energien elektromagnetischer Natur, die immer mehr Platz in diesem Raum einnehmen.

Nun, was kann der Einzelne zur Veränderung beitragen, werdet Ihr jetzt fragen.

Sehr vieles!

Mit Konsequenz und Liebe könnt Ihr sofort damit beginnen in Eurem kleinen Rahmen Platz zu schaffen, indem Ihr immer wieder Euer Umfeld mit Licht reinigt. Das ermöglicht anhaftenden Energien jeder Art, den Weg ins Licht zu finden, wo sie dann gut aufgehoben sind und begleitet werden von verschiedensten Teams aus unseren Kreisen. Dadurch sind sie später auch wieder bereit, Ihren eigenen Inkarnationszyklus aufzunehmen.

Fragt Ihr Euch nun, wie das zu bewerkstelligen sei. Stellt Euch vor eine riesige Lichtsäule zu kreieren. *(Euer Schutz ist gegeben, da Ihr mit Eurer Absicht bereits die Hilfe und den Beistand aus unseren Kreisen aktiviert. Wisset, wir sind bestrebt, Euch auf Eurem Weg zu unterstützen, daher wird alles, das in reiner Absicht geschieht, von uns in Liebe unterstützt und begleitet und Ihr seid nie alleingelassen.)*

In diese Lichtsäule bittet Ihr nun mit offenen Herzen und viel Liebe, alle Energien hineinzugehen zur Transformation. Zu Beginn macht es ruhig automatisiert, denn nach kurzer Zeit werdet Ihr bereits sensibler werden und etwas erkennen oder fühlen. Dann scheut Euch nicht, auch persönliche Worte an sie zu richten und Ihnen sogar Verständnis für Ihre Situation entgegenzubringen. Aber immer mit dem Ziel, sie der Lichtsäule zu übergeben. Ihr leistet damit wirklich große Dienste, um Seelen und verschiedenste Energien, die an der Erde aus vielen Gründen haften geblieben sind, zu befreien. Ihr werdet bald ein Gefühl dafür bekommen, an welchen Plätzen es besonders wichtig ist die Lichtsäule zu errichten. Denkt dabei vielleicht an Orte der Toten, an Krankenhäuser und andere Häuser und Bereiche, wo sich viele Menschen befinden.

Wisset, es werden wahrscheinlich nur die gehen, die wirklich schon bereit dazu sind, aber die Anderen werden folgen. Jede Energiearbeit erhöht die Schwingung und irgendwann wird jede Seele erkennen, wohin Ihr Weg führt. Bedenkt dabei: Ihr kreiert EURE Welt.

Falls Euch diese Methode noch zu schwierig erscheint, es gibt noch einen anderen Weg, aktiv mitzuarbeiten. Beginnt Eure eigenen Gedanken zu verfolgen. Hört auf, einen negativen Gedanken wahllos zu manifestieren. Seid etwas umsichtiger und konsequenter und beobachtet intensiver, was sich Tag für Tag in Eurem Kopf abspielt. Diese Ströme sind auch Teil einer großen Belastung.

Stellt Euch vor, Ihr denkt. Je aggressiver und negativer diese Aussendung ist, desto massiver breitet sie sich aus und schon erreicht es Eure Mitbrüder und beeinflusst auch Ihr Gedankengut. Bei der Enge, die in Euren großen Städten herrscht, könnt Ihr Euch sicher vorstellen, wie schnell sich solche Aggressions- Gedanken - Gefühlslawinen ausbreiten und was sie dann auch verursachen. Betreibt Gedankenhygiene. Haltet sie sauber und in Liebe und auch diese Gefühle werden sich verbreiten. Niemand ist allein zu wenig, jeder Funke schlägt Wellen und je mehr Funken Wellen auslösen, desto größer ist die Ausbreitung. Daher beginnt sofort damit und Ihr werdet erkennen, was geschieht. Gleiches zieht gleiches an und jeder kann seinen persönlichen kleinen Beitrag leisten. Auch jede nicht gesetzte negative Manifestation ist Hilfe und ein Gewinn für Euch alle. Daher geht nicht zu streng und lieblos mit Euch selbst um, wenn es nicht gleich gelingt. Mit kleinen Schritten vorwärts zu gehen ist immer besser, als einfach stehen zu bleiben.

Nehmt diese Informationen als Anstoß, Euer Denken und Fühlen und in weiterer Folge Euer Handeln wieder aktiv in Eure Hände und Eure Verantwortung zu nehmen. Jeder ist sich selbst sein großer Meister und ein jeder hat alle Möglichkeiten und Werkzeuge in sich selbst verankert.

Euer Beitrag ist Bereitschaft zu zeigen, dann werdet Ihr Unterstützung finden. Sowohl in Eurer Welt, als auch in unserer.

Ihr seid unendlich geliebt.

Die Euren.

14. Juni 2006

Geliebte Freunde im Licht!

Wir begrüßen Euch und seid versichert, wir sind mit Euch und um Euch. Keiner Eurer Schritte bleibt ungesehen und auch ist es ein klarer Entscheid von unserer Seite, Euch immer in Liebe zur Seite zu stehen.

So viele Inkarnationen erbringen so viel neues Karma und neue Aufgaben, die in so vielen Folgeleben auszugleichen sind. Jedes Mal, wenn Ihr mit Mut daran geht und bereit seid, Euch wieder eine alte Episode anzusehen, stehen wir bereit, um Euch zu begleiten und zu führen. Jedes Mal, wenn Ihr Bereitschaft zeigt, ein altes Kapitel zu bearbeiten und daraus folgend zu verarbeiten, legen wir Euch direkte Zugänge.

Ihr erkennt es langsam aber sicher, dass an dieser oft schweren Arbeit eigentlich kein Weg vorbeiführt. Ihr müsst Euch aufmerksam die vorgefallenen Dinge betrachten, um daraus Erkenntnis zu ziehen.

Erkenntnis, die plötzlich viele Dinge in Eurem Leben wie Seifenblasen zerplatzen lässt und Ihr verbleibt vollkommen befreit von allen Altlasten. Diese alten *Lasten* habt *Ihr* Euch geschaffen. Immer ein Stück nach dem anderen gehört nun wieder abgebaut, sprich verarbeitet.

Es hat hunderte von Inkarnationen gedauert, sie anzuschaffen und jetzt wollt Ihr ganz schnell alles bewältigen? Wisset, Ihr braucht nicht wieder diese vielen Jahrhunderte, aber etwas Zeit müsst Ihr Euch geben. Jeder kleine Baustein der entfernt wird, bringt Euch Eurem wahren Sein näher.

Es ist gut möglich, dass Ihr mittendrin aufhört - nicht aufgebt – da Ihr meint, es sei jetzt genug. Ihr fühlt Euch wohl und alles was darüber hinausgeht würde Euer schönes Leben negativ beeinflussen. Hier könnt Ihr Euer Ego erkennen, das Angst hat, völlig aufgedeckt und enttarnt zu werden.

Gebt ihm und Euch Zeit, um dann vielleicht auch mit Widerstand weiterzugehen. Ihr werdet erkennen, dass das nur mentale Gebilde waren, die Euch verharren ließen. In Wahrheit könntet Ihr zügig vorankommen, wenn Ihr Euren Luxus und die Bequemlichkeit zur Seite ließet und tapfer vorwärts schreitet.

Euer Bewusstsein muss sich auch in umgekehrter Richtung wieder an die Gegebenheiten gewöhnen und anpassen. Vieles wird Euch neu erscheinen und vieles, das Ihr unerreichbar glaubtet, wird nun vor Euch erscheinen.

Ihr werdet Eure alten, ursprünglichen Fähigkeiten wieder erhalten, aber dabei müsst Ihr einfach bereit sein, vieles Alte aufzugeben. Alles, das Euch davon abhält, in Eure Kraft zu gehen und wirklich Eins zu sein mit Euch und dem Göttlichen. Ihr werdet Euch vielleicht fragen, wie das gemeint sei, aber in Euch selbst wisst Ihr die Antwort bereits. Ihr habt Euch eine gewisse Art von Wohlstand und Position geschaffen. Diese genießt Ihr.

Ihr wisst bereits, dass auch das mit Karma zu tun hat und lässt Euch in diesem Bereich einfach keine Veränderung zukommen. Ihr befürchtet, wenn Ihr Euch verändert und an Euch arbeitet, wird sich vieles ändern. Seien es partnerschaftliche Konstellationen in Familie und Beruf, geschäftliche Verhältnisse oder berufliche Aussichten. Ihr denkt, dass diese Dinge festgehalten werden können, aber eigentlich wisst Ihr auch, dass Ihr so in jeder Form gebunden seid und Eure Weiterentwicklung dadurch bremst.

Seid mutig! Am Ende Eures Lebens werdet Ihr feststellen, dass es nur wenig gibt, das Ihr mitnehmen könnt und dazu zählen sicher keine materiellen Werte. Die Dinge, die für Eure materielle Sicherheit zur Verfügung stehen, geben Euch nur eine falsche Ruhe und Besänftigung. Tief in Eurem Inneren ist Euch schon klar geworden, dass nur Eure Essenz weiter besteht.

Alles, was Ihr in irgendeiner Form *lebt* - mit Euren Gefühlen, Sinnen, Eurem Bewusstsein - das sind die Werte, die letztendlich zählen. Die Taten, die Ihr zugunsten Eurer Mitmenschen gesetzt habt wenn Ihr selbstlos Euer negatives Ego unbeachtet gelassen habt, und wo auch immer Ihr mit göttlicher Fügung Euren schweren Weg beschritten habt. Das sind auch die Dinge, die Euer Karma erleichtern.

Heute ist die Zeit, wo es die Veränderung bereits zu spüren gibt. Es wird immer klarer werden, dass Eure Kinder wie Katalysatoren sind, die die Veränderung in unser aller Denken herbeiführen werden. Somit gebt ihnen Euer ganzes Verständnis und vor allem Eure Liebe.

Ihr seid unermesslich geliebt.

Die Euren.

24. Juni 2006

Ihr Geliebten!

Es ist schön mit Euch zu sein.

Auch in diesen Tagen gibt es viele Dinge, die Euch mit großer Wahrscheinlichkeit beschäftigen.

Denkt zum Beispiel an das für viele Zustände gebrauchte Wort *Karma*. Es wird sehr vielfältig verwendet, oft missbraucht, um Leute zu motivieren oder unter Druck zu setzen, als auch von anderen verschönt und immer als Ausrede für Ihr Verhalten gewählt.

Habt Ihr Euch schon einmal Gedanken darüber gemacht, womit das zu tun haben könnte?

An sich bedeutet Karma sich den eigenen Lebensfilm vor Augen zu führen.

Inkarnation, für Inkarnation werden Personen und Situationen dazugefügt, andere wieder ausgelassen. Das Wunderbare daran ist, dass ausschließlich Ihr selbst immer die Hauptrolle dabei spielt. Jeder Film hat auch einen Regisseur und auch der seid Ihr.

Somit könnt Ihr Euch vollkommen klar machen, dass nichts und niemand Euch etwas tun, sagen oder verursachen kann, dem Ihr selbst nicht zugestimmt habt. Viele werden jetzt einwenden, wenn alles das in unser Leben tritt was vorgeplant ist, wozu dann all die Mühe.

Wisset, diese Sichtweise ist nur teilweise richtig, da Ihr ja nicht vergessen dürft, dass jeder Regisseur

Spielpausen nützt, um Dinge im Drehbuch zu verändern und oder neu zu schreiben. Ihr habt diese Möglichkeit jede Nacht, wenn Ihr in Eurem Schlafe unter uns weilt, um vieles zu erlernen, zu erfahren, um vorgefallene Situationen von anderen Gesichtspunkten zu sehen usw.

Ja, genau so ist es, Ihr könnt täglich Neues manifestieren, Ihr könnt täglich Euer Leben verändern. Also jeder einzelne Lernschritt und jede Erkenntnis führt zu verschiedenen Änderungen. Jede Situation hat zumindest zwei Möglichkeiten, daher wendet alles das Ihr erlernt habt oder dessen Ihr Euch bereits bewusst seid, voller Freude an - und bedenkt, es ist nie zu spät. Ihr seid alle auf einem Weg, der Euch der Erkenntnis, wer Ihr seid, immer näher bringt.

Ihr arbeitet meist sehr fleißig und gewissenhaft daran, mit Eurem negativ - Ego klar zu kommen. Fehler aus der Vergangenheit, egal wie lange zurück, zu erkennen und auszugleichen. Es ist alles sehr wichtig, aber bitte vergesst darüber nicht, Euer Leben so wie es ist auch zu akzeptieren, zu lieben und zu genießen.

Jawohl genießen, denn Ihr habt die Erde und Ihre Dimension gewählt, um Euren Körper in allen Facetten zu spüren und zu erleben. Daher geht nicht in den Zustand, Euch vom Leben des Lebens abzuwenden. Geht den Weg eines lichtvollen Kriegers. Damit meinen wir, Ihr sollt ohne Zögern den Situationen, ob in Eurer Wertvorstellung positiv oder negativ, mit Freude gegenüber treten. Die Aufgaben werden Euch gestellt, um Euch darin zu

üben und mit Liebe und Anerkennung hindurch-
zugehen.

Abseits der Dualität gibt es keine Möglichkeit,
zwischen Gut und Böse zu unterscheiden und zu
entscheiden.

Jetzt und hier werdet Ihr gefordert, eine richtige,
sprich liebevolle Entscheidung zu treffen, ohne in
die Bewertung zu gehen. Ihr seid deshalb inkarniert,
um durch diese Schulung zu gehen.

Die Zeiten werden immer fordernder, da sich die
Spaltung zwischen Licht und Dunkel immer klarer
bemerkbar macht. Aber Ihr habt bereits erkannt,
dass es dabei keinen Unterschied gibt, weil das Licht
Teil des Dunkels ist und umgekehrt.

Warum zögert Ihr, liebe Freunde. Stürzt Euch mit
Freude ins Geschehen und meistert mit Eurer
Anerkennung Euer eigenes Leben. Mit all seinen
Facetten, sei es als Hausfrau oder Geschäftsmann,
als Schüler oder Pensionist, in Krankheit oder
Gesundheit. Denn dies alles sind Zustände, in denen
die von Euch perfekt gewählten Aufgaben zu finden
sind. Niemand hat den besseren Status, weil er
Lehrender oder Wissender ist. Er ist nur in seiner
Bewusstheit gerade in diesem Moment weiter
fortgeschritten, aber im nächsten Augenblick kann
er ebenfalls wieder zum Schüler werden, da er aus
einer ihm noch nicht bekannten Situation seine
Schlüsse ziehen muss. Somit seid nie verzagt auf
Eurem Lebensweg. Macht es Euch zum täglichen
Ritual, Euer Leben, Euren Körper, Eure Situation
und vor allem Eure Mitbrüder und Schwestern

anzuerkennen. Sie als Lichtwesen zu sehen – so wie Ihr es seid. Dann werdet Ihr sehr bald feststellen, dass sich die Situationen in Eurem Umfeld schlagartig verändern und plötzlich gar nicht mehr kompliziert und schwierig sind. Ihr habt, wie jeder Regisseur eines Filmes, die Möglichkeit, die Atmosphäre unter den Schauspielern zu verändern. Genau wie jeder Einzelne. Der Manager in einer leitenden Position unter seinen Angestellten, die Mutter oder der Vater in der Familie. Ihr seid es, die die Stimmung machen und vorgeben.

Daher, was gibt es Schöneres, als täglich die höchste Schwingung – die der Liebe – um sich zu schaffen?

Ihr seid unendlich geliebt.

Die Euren.

12. August 2006

Geliebte Freunde im Licht!

In diesen Zeiten habt Ihr immer das Gefühl aufkeimen, dass Ihr allein und abgeschieden in Eurem eigenen Dasein steht.

Wisset, es soll für Euch immer klar sein, das Ihr begleitet und gesehen seid von der geistigen Welt und vor allem von Euren persönlichen Begleitern.

Es ist wohl richtig, dass es im Moment viele Abschiede gibt, sei es im Großen, an verschiedenen Schauplätzen des Krieges, als auch im Kleinen, in Eurem Familien- und Freundeskreis. Es ist deshalb, weil viele Seelen sich jetzt zurückziehen.

Ihre Gründe sind vielfältig. So können sie sich Vorgaben auferlegt haben, die sie letztendlich nicht erfüllen konnten oder aber auch persönliche Konsequenzen, die jedem Einzelnen von Euch frei stehen. Ihr seid immer in der Bereitschaft, das zu tun, was Euch am klarsten erscheint und das ist oft ob der Erfahrung, der Weg des Abschiedes aus der Materie.

Für Euch mag es unvermutet, ungemein grausam, als endgültig und unabwendbar erscheinen. Aber zuletzt ist es immer die eigene freie Entscheidung, die jede Seele für sich trifft.

Ihr wisst, dass es Aufgaben gibt, für die Ihr Euch entschieden habt, auf diese Welt zu kommen. Ihr seid vielfach erwacht, um in großer Bereitschaft im Dienste an Euren Brüdern und Schwestern tätig zu sein und sie ebenfalls ins Licht zu begleiten. Diese Herausforderung ist oft nicht so einfach wie sie scheint, da ja der freie Wille immer wieder durch den Einfluss des Egos gesteuert ist. Da das negative Ego in vielen Fällen nicht so bezwungen wird, dass es *seinen* Weg aufzugeben bereit ist, fällt meistens der Wille und Mut, der vor der Inkarnation als Hilfsmittel gesehen wurde, aus. Da bleibt also nur noch die Arbeit in den verschiedensten Aufgaben- bereichen von Euch Lichtarbeitern, um Eure Unter- stützung trotzdem zum Wirken zu bringen.

Daher gebt nicht auf. Seht Euren Weg als erleuchteten Pfad, den Ihr verfolgend als Ziel seht. Die Lichtbrüder und Schwestern, die Ihr mit Euch nehmt, werden sich bilden und aufwenden, um selbst auch wieder tätig zu sein. Und plötzlich wird die Erkenntnis immer schneller um sich greifen, sodass die Kinder, die mit Ihren großen Möglich- keiten gekommen sind, Ihre Aufgaben bereits mit Leichtigkeit umzusetzen imstande sind.

Habt Vertrauen. Die Momente der Trauer und Ver- zweiflung werden immer seltener und kürzer werden. Dabei erkennt Ihr auch, dass Mutter Erde Ihre eigene Schwingung zu verändern trachtet. Daher geht es auch den fühligeren unter Euch energetisch nicht so wohl. Ihr merkt einfach die Veränderung der Energie um Euch herum und Eure feinstofflichen Körper müssen diese Veränderung mittragen. Gebt Euch doch die Möglichkeit des Rückzuges, der Erholung und des Austausches mit Euren geliebten Brüdern und Schwestern im Licht. Mit ihnen könnt Ihr in gemeinsamen Meditationen dann auch das Energieniveau an dem Platz, wo Ihr Euch befindet, erhöhen und damit die Schwingung in Bewegung bringen, die diese Information weiterträgt. Irgendwann treffen sich alle diese ausgesandten Wellen der Lichtfreunde weltumspannend und Ihr habt aktiv zur Heilung und zum Aufstieg Eurer Erde beigetragen.

Nochmals bitten wir Euch, verzagt nicht. Alles was Ihr schafft ist wichtig und auch richtig. Stärkt Eure eigenen Körper und Energien, um damit auch die der Anderen zu unterstützen, die das Licht auf Ihrem Weg noch nicht entdeckt haben.

Wir danken und wir lieben Euch.

Die Euren.

24. August 2006

Geliebte!

Wir freuen uns, mit Euch zu sein und sind bereit, Euch Dinge zu beleuchten, die Euch vielleicht noch nicht ganz klar erscheinen.

In dieser Zeit handelt vieles von Aggressionen. Viele Menschen haben das Gefühl, Opfer von Angriffen zu werden oder plötzlich in Situationen zu kommen, wo sie nicht mehr geschützt sind.

Dies alles sind Symptome, die Euch die Ver-änderung erkennen lassen sollen. Niemals geschieht etwas *zufällig.* Alles, sogar das kleinste Detail, wird und wurde durch Euch selbst geschaffen. Nur Ihr selbst habt den Schlüssel dazu, es zu verändern und anders zu gestalten. Niemand, wirklich niemand, kann sich als unschuldiges Opfer bezeichnen, da Ihr dem freien Willen uneingeschränkt unterliegt. Nehmt die großen Ereignisse zum Anlass, in Eure Mitte zu kommen und lichtvoll zu sein, geht durch die Angst, die in Euch in diesem Moment hoch-kommt, hindurch - stellt Euch - und erkennt dann, was übrig bleibt.

Ihr ahnt bereits, es ist die Liebe, das Mitgefühl und das große Wissen darüber, dass in Wahrheit alles nur Illusion ist.

Nun, soweit kommt man, wenn man auf dem spirituellen Pfad schon eine Zeit lang gewandert ist, alle Hindernisse bewältigt hat und sich bereits am Weg der Liebe befindet. Wenn es sich jetzt um einen Menschen handelt, der noch in seinen materiellen Vorstellungen verharrt, wird es Hass und das Wollen auf Rückzahlung sein. Er erkennt noch nicht die Sinnlosigkeit einer Revanche, da für ihn das Gesetz - Aug um Aug, Zahn um Zahn - noch Gültigkeit hat. Diese Gefühle werden auch beabsichtigt mit großer Ausdauer und Hingabe von Menschen in wichtigen Positionen geschürt und genährt.

Beachtet einmal Eure „neutralen" Medien. Jeden Tag hört Ihr von den Ereignissen, die so himmelschreiend ungerecht sind. In der Meinung, Euch ja nur über das Geschehen im Außen zu informieren und teilzuhaben am Weltgeschehen, nehmt Ihr jedes gesagte und geschriebene Wort für bare Münze. Tretet doch einmal einen geistigen Schritt zurück und spürt und hört die Energie, die zwischen den Zeilen schwingt.

Es ist die Angst.

Ihr werdet einfach manipuliert.

Für viele Führer dieser Welt hat diese Kraft noch immer die leitende Rolle. Sie führen ganze Staaten mit dem Werkzeug der Angst.

Indem sie Ihre Beschützerrolle in den Vordergrund rücken, reagiert das Volk mit Dankbarkeit und Gehorsam. Niemand wagt es, Unstimmigkeiten wirklich aufzudecken oder aufzuzeigen, da sonst zuviel verloren gehen würde. Sei es die Leserschaft, die Wähler oder die Glaubwürdigkeit.

Nun sprechen wir zu Euch, geliebte Freunde. Was sind Eure Möglichkeiten in dieser – immer noch

Eurer Welt? Ihr habt die Spiele wahrscheinlich schon erkannt, aber was könnt Ihr tun, um es zu verändern? Zuallererst kommt Eure Einstellung. Ihr könnt nichts verhindern, wenn Ihr glaubt, gehen zu müssen, um die *Wahrheit* aufzudecken. Eure Aufgabe ist es, einfach zu akzeptieren und anzuerkennen. Gefühle, Worte, Gedanken – dies alles ist Energie. Stellt Euch vor, Ihr legt diese von Euch geschaffene Energie auf die Waagschale der Polarität. Was geschieht? Sie wird sich auf diese Seite absenken und ganz egal welches Gefühl Ihr drauflegt – die andere Seite wird angehoben.

Nehmt Ihr Liebe kommt Hass; gebt Ihr Mitleid kommt Grausamkeit. Somit könnt Ihr durch Handlung nichts verändern sondern wieder nur Dynamik ins Geschehen bringen. Euer einziges Werkzeug ist, in Eurem Sein zu bleiben. Bei Euch selbst zu bleiben, anzuerkennen und zu akzeptieren. Ihr habt dies nun erfahren, um es auch anzuwenden. Es zumindest zu versuchen, denn dieser Weg ist bestimmt der schwierige. Zu viele Emotionen liegen immer noch in den meisten von Euch begraben und für jeden gibt es Bilder und Spiegel, die ihn zum Reagieren bringen. Trachtet zuallererst danach, Eure eigenen Speicher der Vergangenheit zu leeren und aufzuarbeiten – erst dann könnt Ihr die nächsten Schritte tun.

Wichtig dabei ist auch zu beachten, dass Ihr ganz starke Verbindungen, die wie unsichtbare Schläuche an Euch befestigt sind, zu Euren *Mit-Spielern* habt. Viele Inkarnationen haben diese wachsen lassen und solange Ihr Euch von diesen energetischen Verbindungen nicht befreit, wird es schwierig sein, Euch mit Eurer Gesamtheit Gott zu nähern.

Die Verbindung zu Eurem Höheren Selbst soll genährt werden, um danach die Monade wieder zu integrieren. Der Energiefluss wird immer stärker, je mehr Ihr das Schlauchnetz zwischen Euch Menschenkindern entwirrt und durchtrennt. Habt keine Angst vor diesen Schritten.

Wir sind bei und mit Euch und wir ehren und schätzen Euer Tun.

In großer Liebe.

Die Euren.

12. September 2006

Ihr über alles Geliebten!

Es ist schön, dass wir mit Euch so auf diese Art und Weise in Verbindung treten können.

Habt Ihr schon einmal überlegt, was es bedeutet ein Kind Gottes zu sein?

Es klingt einfach, aber trotzdem ist es für viele eine große Aufgabe. Eine Aufforderung, Ansprüchen gerecht zu werden, gewisse Vorstellungen zu er-füllen und unter perfekten Umständen zu funk-tionieren.

Aber wisset, Eure Vorstellungen sind Eure *eigenen* Bilder und sind mit Sicherheit nicht die des wahren liebenden Gottes. Ihr seid schon viele, viele tausende Jahre damit beschäftigt, Eure Inkarna-tionen zu erfüllen. Immer wieder kommen neue Bilder dazu. Ihr erschafft Euch Wahrheiten, die ganz sicher nicht die sind, die Ihr wieder erkennen würdet, wenn Ihr vor Gott steht. Es sind die Prä-disponierungen, die Ihr Euch selbst geschaffen und auferlegt habt.

Wir können Euch nur versichern, dass es aus unserer sehr weiten und großen Sicht der Dinge keinen Gott gibt, der Euch für irgendetwas jemals bestraft oder beurteilt. Das Universum ist ein Platz, wo es in allererster Linie darum geht, Erfahrungen zu machen und die Liebe Gottes zu erkennen und erleben. Niemand geht auf die langen Lebensreisen, um am Ende beurteilt zu werden. Wir alle hier mussten die so genannten Lebenserfahrungen durchleben und wir können Euch von hier, als die vorausgegangenen Brüder, bestätigen, dass alles nur ein von Euch wunderbar kreiertes Spiel ist. In dem Moment, wo Ihr das erkennt, seid Ihr vollkommen frei und Ihr habt einen großen Schritt und vielleicht den schwersten in Eurer Entwicklung getan. Ihr seid durch den Schleier des Vergessens gegangen, um wirklich vollkommen unbedarft einen neuen Weg zu gehen: *Den Weg der Dualität.*

Ihr seid zur Erde gekommen, um da das hohe Spiel der Liebe zu er - leben.

Und wie das in der Polarität nun einmal ist, gehört zu Liebe in den gleichen Anteilen Hass und zu Licht Dunkel und zur Freude Trauer usw.

Nun sagt, wer würde diese Dinge freiwillig auf sich nehmen, wenn er wüsste, dass er das alles nur in seiner Einbildung erlebt? Jawohl, vollkommen richtig ... *niemand*.

Somit war das große Vergessen, die erste Spielregel, die absolute Grundbedingung. Als nächstes musste etwas vorhanden sein, das durch seine Lern- und Merkfähigkeit bewies, einen gewissen Schutz aufbauen zu können, der verhinderte, dass der wertvolle menschliche Körper zu oft zu Schaden kam. Das war nun das uns mittlerweile bestens bekannte Ego. Und was fehlte noch? Gute Leitfiguren, Religionen und Führer, die der großen Menschenschar ein Gegenüber boten, das entweder zu bekämpfen oder zu lieben war. In diesem Moment waren die perfekten Bedingungen für ein perfektes Spiel geboten und es konnte beginnen.

Ihr seid nun bereits in einem fortgeschrittenen Stadium, wo Ihr bereits beginnt, die Schleier wieder zu lichten. Ihr seid durch unzählige der gewünschten Erfahrungen gegangen und jetzt habt Ihr den Punkt erreicht, wo es gilt, die Grundregeln zu erkennen und zu verändern.

Beginnt damit, die Programmierungen Eures alten Freundes, des Egos, langsam der neuen Situation anzupassen. Das scheint sehr schwierig und es ist auch tatsächlich die größte der Hürden, da diese Erfahrungen wirklich tief sitzend sind. Aber wisset und vertraut. Gebraucht Euren Zugang zu den geistigen Helfern, Euren Engelfreunden und all den anderen spirituellen Hilfsmitteln, die Euch bereits zu Verfügung stehen. Bald könnt Ihr Freundschaft schließen mit den alten Egoseiten in Euch.

Es ist wie mit einem Menschen, der durch seine gemachten Erfahrungen auf seinem Standpunkt beharrt. Auch ihm könnt Ihr nur durch lange und ausdauernde Überzeugungsarbeit und Beweisführung zu einer Umstimmung, anderer Sichtweise und Vertrauen in unbekannte Situationen bringen.

Das ist auch den Versuch gegenüber Eurem Ego wert. Gebt ihm Zeit, gebt ihm Bilder und nehmt unsere Unterstützung in Anspruch. Als nächstes überdenkt Eure Sichtweise, die Ihr immer noch von Gott Eurem Vater habt. Kämpft Euch durch das Gefühl, ihn als strafend, bewertend und verurteilend zu sehen. Erkennt, dass das nur Eure eigenen Regeln sind, unter denen Ihr beurteilt sein wollt.

Denn dadurch, dass er Euch prinzipiell nicht wohl gesonnen scheint, hat euer ewiger Kampf - gut genug für ihn zu sein - seine Berechtigung.

Seht hin, woher diese Einstellung kommt und Ihr werdet die Ursache finden. Oder aber beginnt damit, Euch selbst zu vergeben und findet auch dabei wieder Menschen und Lichtfreunde, die Euch dabei gerne helfen. Die Zeit ist gekommen, wo jeder von Euch Lichtbrüdern und Schwestern aufgefordert ist, sich seines Lichtes in vollem Ausmaß bewusst zu werden und es erstrahlen zu lassen, um auch seinem Nächsten den Weg zu leuchten.

Daher nehmt Euren Mut und Eure Kraft zusammen, und bearbeitet Euren bereits gegangenen Weg. In diesem Moment, wo Ihr diese Aufgaben gar nicht unbedingt erfüllt habt, aber bereit seid sie Euch anzusehen, wird sich auch der Schleier in immer größerem Ausmaß zu lichten beginnen. Ihr werdet Zugang zu Euren Euch allen zur Verfügung stehenden Eigenschaften wieder erlangen und Ihr werdet Euch in der Position eines Mitschöpfers wieder finden.

Wisset wir bewundern Euch für Euren Mut, Eure Liebe und Hingabe.

Wir lieben Euch über alles.

Die Euren.

30. September 2006

Geliebte!

In diesen Tagen gibt es viele wichtige Dinge, die Euch nicht zu Unrecht sehr beschäftigen und in Anspruch nehmen. Seht einmal ganz neutral zu, wie sich alles um Euch herum, in Eurer Familie, an Eurem Arbeitsplatz und in Eurem engen und weiten Freundeskreis entwickelt. Betrachtet einmal Euer Verhältnis zu Eurem ganz persönlichen Umfeld und zu den Menschen, die Ihr liebt und mit denen Ihr jeden Tag zu tun habt.

Geht einmal ganz in Euer Selbst und fragt nach, ob sich da nicht einiges zu verändern beginnt? Ober-flächlich betrachtet mag es wohl sein, dass Ihr das Gefühl, habt alles sei wie immer, aber wenn Ihr Eure Herzqualität zu Rate holt, werdet Ihr eines Besseren belehrt werden. In diesen Tagen beginnt es sich zu zeigen, wer von Euch und Euren Freunden bereits auf dem Lichtweg ist, wer gerade am Erwachen ist und die Gruppe, die sich nach wie vor allen Veränderungen, die vielleicht vonstatten gehen könnten, widersetzt. Ihr habt schon vor langer Zeit beschlossen, den Weg des Lichtes und der Liebe zu gehen.

Mittendrin seid Ihr bereits. Ihr scheutet keine Zeit und keine Mühe, tiefe Abgründe Eurer Seele zu erforschen, um einfach die Wahrheit in Euch zu entdecken.

Dieser Lichtweg fand den Ursprung nicht in diesem Leben, dessen seid Euch vollkommen gewiss. Ihr habt schon Inkarnation um Inkarnation damit verbracht, Euch erfahren zu machen, zu lernen und zu studieren. In jeder Form der Wissenschaft, die Ihr Euch nur vorstellen könnt. Oft seid Ihr an Euch und Eurem Ego gescheitert und dann wieder an den Mächten Eurer gewählten Mitspieler.

Nun seid Ihr im hier und jetzt. In einer Zeit, wo sich vieles ändert. Vieles ganz klar an die Oberfläche gebracht wird, um zur Transformation zu kommen. Ihr seid dabei und dürft auf Eurem Wege vieles dazu beitragen. Jeder einzelne von Euch trägt Licht bei, um die große Flamme der Erkenntnis zu nähren. Niemand kann auch nur das Geringste falsch machen, da alles nur Teil einer gesamten Wahrheit ist. Ihr lebt gemeinsam Euer jetziges Leben mit vielen verschiedenen Seelen, aber alle, jedem den Ihr auf *Eurem* Weg begegnet, hat den Weg der Erleuchtung gewählt. Und wisset, da der Zufall, wie das Wort schon genau beschreibt, etwas ist, das Euch zu – fällt, begegnen sie Euch aus einem ganz bestimmten Grund. Ihr seid den Lichtweg nicht gegangen, um für Euch alleine Großes zu erleben, nein Ihr tatet es für unzählige Eurer Mitbrüder und Schwestern.

Bei den verschiedenen Begegnungen erfahren sie durch Euch den Funken des Lichtes und der Liebe.

Durch Euch!

Auch wenn Ihr bei vielen in Eurer Umgebung das Gefühl habt nichts zu erkennen, soll es nichts bedeuten, denn auf der Seelenebene hat der Austausch bereits stattgefunden.

Das ist Eure wichtigste Aufgabe, Ihr geliebten Lichtbringer. Nicht nur durch Euer, mit Ehrfurcht anerkanntem Tun, arbeitet Ihr mit am göttlichen Plan, sondern vor allem durch Euer SEIN. Die Menschen, die Euch auch mit Ablehnung gegenübertreten, haben wahrscheinlich noch einige tief sitzende Erfahrungen zu bearbeiten, aber trotz allem sind sie in Eure Nähe gekommen.

Kamen in einen *Austausch* mit Euch und durften erfahren!! Daher geht mit Eurem offenen Herzen und Eurem Bewusstsein im Tun großzügig um. Verfallt nicht in beurteilende oder wertende Worte. Ihr verletzt Euch damit nur selbst, denn Ihr wisst doch, dass alles im Außen nur der Spiegel Eurer eigenen Seele ist. Für Euch mag es in dem Moment vielleicht verletzend, unverständlich oder auch unwahr sein, was Euch gesagt wird, aber im Prinzip sind es nur Eure eigenen Worte, die Ihr aber nicht aussprachet.

Daher verurteilt Euch auf keinen Fall selbst, wenn Ihr diesen Vorkommnissen erliegt. Geht aber sofort in Euer inneres Hohes Selbst und klärt die Situation für Euch. Nur so könnt Ihr die Energien, die Euch angreifen, neutralisieren. Ebenso wäre das Konkurrenzdenken zu sehen, das des Öfteren in den inneren Kreisen der verschiedenen lichtarbeitenden Brüder und Schwestern auftritt. Erkennt, dass alles nur ein einziger Weg ist. Der Weg zurück zur Quelle. Die Art und Weise, wie man diesen Weg beschreitet, ist nicht von Wichtigkeit. Nur das Ziel zu erreichen, das sollte Euer Wille sein. Daher, was kümmert es Euch, ob jemand die Dinge Eurer Meinung besser oder schlechter macht. Jeder Einzelne tut sein Bestes und die Menschen, mit denen er arbeitet, sind die, die nur zu *ihm* kommen wollten, da es Ihr eigener, besonderer Weg ist.

Somit gibt es keine Konkurrenz, denn niemand bekommt Klienten zugeführt, die nicht von Beginn an für ihn bestimmt waren. Es ist egal, in welcher Sparte Ihr Euch erlebt. Das Wichtigste daran ist nur, dass Ihr es von Herzen macht. Nur so seid Ihr auch wirklich bereit zu geben und zu tun und Eure geliebten Brüder und Schwestern zu begleiten.

Denkt auch immer daran, selbst um Unterstützung zu bitten. Wir, Eure Freunde im Licht sind bereit und warten nur darauf, mit Eurer Erlaubnis mitzuarbeiten, die Liebe zu manifestieren und weiterzugeben.

Ihr seid unendlich geehrt und geliebt.

Die Euren.

28. November 2006

Ihr geliebten Brüder und Schwestern!

Wisset, die momentane Schwingung auf der Erde ermöglicht immer größere und klarere Informationsdurchgaben von unserer Seite. Ob es sich nun um aufgestiegene Meister, Engel, Erzengel oder Geistführer handelt. Wir alle sind uns unserer Aufgabe sehr bewusst. Wir haben die Möglichkeit, den direkten Kontakt mit Euch zu suchen.

Nach dem Gesetz des freien Willens ist es auch kein Zufall, dass Ihr dann die für Euch bestimmte Information erhaltet. Ihr seid immer nur bereit, das aufzunehmen, sprich auch zu lesen, was in genau diesem Augenblick die absolut richtige Schwingung für Euch besitzt. Jeder andere Zeitpunkt, Geisteszustand oder Punkt eures spirituellen Weges wäre nicht geeignet für die Klarheit des Verstehens.

Vielleicht ist Euch schon passiert, dass Ihr ein Buch gekauft habt, es wirklich lesen wolltet, aber nicht weiter kamt, sosehr Ihr Euch auch bemühtet. Viele Jahre später fiel Euch genau dieses Buch wieder in die Hände und plötzlich war es wie ein Puzzlestein, der Euch genau jetzt noch gefehlt hatte.

Dies zeigt Euch, dass es immer nur Eure eigene Entwicklung ist, die Euch die Bühne bereitet. Die Bühne, auf der Ihr das Schauspiel Leben aufführt. Jeder einzelne Mitakteur, jedes Kind, jedes Geschehnis, jeder Unfall, alles was täglich so an kleinen und großen Dingen in Euer Leben tritt, ist Teil Eures genauestens geplanten Spieles.

Viele mögen sich nun wieder abwenden und meinen, dass es doch nicht so einfach sei, diese

Schicksals-Schläge, die Menschen ereilen können, in dieser Form abzutun.

Dieses Weltbild würde doch vielen die Verantwortung abnehmen. Seien es die Verbrecher , die in unserer Gesellschaft Ihr Unwesen treiben, Mörder die ja somit gar nicht zu belangen wären usw. - aber wisset und spürt in die Sache hinein. Mit einem weit geöffneten Herzen und der Bereitschaft, auch dieser Möglichkeit Platz in Euch zu machen.

Es ist so. Ihr seid verantwortlich für jede große und kleine „Sache" in *Eurem* Leben, nach dem Gesetz von Ursache und Wirkung.

In der Erkenntnis dieses Satzes steckt die ganze Wahrheit des irdischen Lebens. Das wahre Verstehen der Dualität mit all Ihren Konsequenzen. In dem Moment, wo Ihr bereit seid anzunehmen, werdet Ihr merken, dass das Grundübel aller Dinge, nämlich die Angst, gar nicht mehr nötig ist! Die war nur dazu da, Euch im Spiel zu halten. Wenn Ihr in die Erkenntnis geht, dass Ihr der alleinige Regisseur Eures Lebens seid, könnt Ihr alle Gefühle die auf Angst aufbauen, ablegen. Denkt einmal an die so genannten positiven Emotionen wie Mitleid, Selbstaufgabe, Opferbereitschaft, Angepasstheit usw. genauso wie an Hass, Neid, Eifersucht. In dem Moment, wo Ihr hinter diese Emotionen schaut, werdet Ihr *ent-täuscht* sein, denn der Verursacher seid Ihr selbst.

Es sind die vielen alten Erinnerungen, Verhaltensmuster und gesetzten Aufgaben, die Ihr Euch vornahmt abzulegen und aufzugeben. Daher schuft Ihr Euch das passende Umfeld, um im Spiel an die Wahrheit zu kommen. Ihr wähltet dazu alte Freunde, die sich bereit erklärten und sich zu Verfügung stellten, um Euch einen Spiegel zu bieten, der aufzeigte, woran es Euch früher gefehlt hatte. Nur aus diesem Grund lebt Ihr ein Leben nach dem anderen, um Euch nämlich selbst auf die Spur zu kommen. Die Erleuchtung tritt dann in Erscheinung, wenn Ihr Euch selbst erkannt habt und die Ursachen und Wirkungen wieder auf null gebracht worden sind.

Dieses gelingt aber wieder nur dann, wenn das eigene Herz vollkommen geöffnet und bereit ist, allen und vor allem sich selbst in Liebe zu vergeben. Dann seid Ihr wieder an dem Punkt angelangt, von dem aus Ihr Eure Reise ursprünglich begonnen hattet.

Kleine göttliche Funken, die sich von der Ganzheit trennten, um endlich mal ein so genanntes Abenteuer zu erleben.

Seid Euch dieser Tatsache doch einfach wieder bewusst. Ihr seid auf einer großen Reise, welche Euch von Abenteuer zu Abenteuer führt. Die Dinge, die Ihr durchlebt sind wie die Erlebnisse in einem ereignisreichen Urlaub. Jeder möchte davon hören und erzählt bekommen und jeder möchte sie auch selbst einmal erleben. Daher seid Euch im Klaren.

Euer Leben ist immer schön, selbst in den schlechtesten Zeiten, seien sie durch Krankheit,

Verlust oder Ähnlichem begründet. Ihr wart Euch bei der Wahl dieser Gegebenheiten des Ausmaßes vollkommen bewusst und sie wurden von Euch mit Absicht gewählt. Daher erkennt den Sinn und Zweck der so genannten Schicksalsschläge. Es sind die Möglichkeiten für Euch, Euren Weg wieder zu finden, um ihn dann nach Euren Wünschen auch weiter zu gehen und zu beenden.

Somit geht stolz und erhobenen Hauptes mit der Bereitschaft anzunehmen und zu lernen, durch sie hindurch. Lasst Euch davon von nichts und niemanden abbringen, vertraut dabei nur Eurer inneren Stimme im Einklang mit Eurem liebenden Herzen und in keinem Falle der Angst, die sich immer wieder ganz subtil und verhalten einzuschleichen versucht. Ihr werdet sehen, der Weg mit Lust und Freude gegangen ist ein anderer, als der mit gebeugtem Rücken, Angst und Leid.

Jede Situation hat dank der Dualität sowohl seine positive als auch seine negative Ansicht. Übt Euch darin, die positive zu sehen und Ihr werdet mit Leichtigkeit und Bereitschaft die selbst gestellten Prüfungen bestehen.

Euer Bruder im Licht.

17. Dezember 2006

Ihr über alles Geliebte!

Wir begrüßen Euch und freuen uns von ganzem Herzen.

In diesen Tagen, die Ihr die ruhigsten und beschaulichsten des Jahres nennt, sieht es aus als wäre das Ende der Zeit gekommen.

Nicht nur dieses Jahr ist es so. Die Hingabe an den Konsum und die materiellen Werte hatten seinen Ursprung, als der Mensch begann, den Zugang zu seinem Sein und seinem Ursprung zu verlieren. Er verlor langsam seine Vision und orientierte sich nun in stärkerem Maße an seinen Mitbrüdern und Schwestern. Das Ego durfte nun zum Zuge kommen und bestimmte das Verhalten der Seele, dadurch wurde es wirklich wichtig. Die Verbreitung und Perfektionierung der Medien, vor allem des Fernsehens, tat sein übriges dazu. Nichts war leichter als die Menschen mit den Illusionen zu füllen, die dem klaren und detaillierten Wunsch - Bilder vorgaben. Niemand wollte ab diesem Moment ausgeschlossen sein aus den Gruppen, die diese „großen" Errungenschaften besaßen. Man tat ab nun alles dafür, dazuzugehören zu dieser vorgetäuschten elitären Schicht. Man dachte diese glitzernden Dinge unbedingt besitzen zu müssen, koste es was es wolle, und man begab sich in den nicht mehr enden wollenden Kreislauf.

Geld musste her um die Kaufkraft zu erlangen. Zeit für die Familie, die Kinder, die Freunde und Weggefährten, sowie Zeit für Innenschau und Besinnung wurde immer weniger und weniger. Es ging immer mehr darum, seinen Liebsten eine Freude zu machen, indem man sie reicher und reicher beschenkte.

Wo waren die Situationen, die man gemütlich mit seiner Familie verbrachte, sie waren wie ausgelöscht und man sah sie nur mehr idealisiert in der Werbung. Die Konsumgesellschaft brachte es sogar soweit, dass es Möglichkeiten gab, bis zur letzten Minute seinem Kaufrausch zu erliegen. Warum, fragt Ihr Euch vielleicht jetzt, kam es überhaupt soweit?

Nun es zeigt ganz deutlich, dass ein Punkt erreicht werden musste, wo jeder selbst erkennt, was ihm wichtig ist.

Es ist ein ewiges auf und ab, eine gleichförmige Wellenbewegung, ein Ein- und Ausatmen, ein Verstehen und Wissen. Das eine kann ohne das Andere nicht existieren, da die Bewegung verloren ginge. In diesem Moment ist es Aufgabe jedes einzelnen, zurück zu kehren zu den wahren Werten. Es geht nicht unbedingt darum den christlichen Glauben dafür zu benützen, besinnlich und ruhig an einem bestimmten Tag im Jahr zu werden, sondern es geht alleine um die Erkenntnis, dass es jemanden gibt, der uns mit seiner ganzen Liebe beobachtet, führt, begleitet, anerkennt und respektiert. Ohne auch nur ein einziges Mal warnend, drohend oder belehrend einzugreifen. Es ist natürlich all das Teil unseres selbst gewählten, wunderbaren Weges, den er sich selbst ausgesucht hat und dafür auch unendlich geschätzt und geliebt wird. Daher Ihr, die Ihr jetzt diese Zeilen lest, wisset, Euer eigenes Erkennen ist der erste Schritt. Der Druck und das Verlangen Eurer Familie und Eurer Kinder ist ein vorgespieltes Hindernis, denn es liegt an Euch, diese Tage wieder so zu gestalten, dass sie die ruhigsten und liebevollsten des Jahres sind. Es ist nicht leicht eine Veränderung herbeizuführen, die das heutige System in Zweifel stellt. Aber geht einfach in Eure Mitte und stellt Euch dieses Licht vor, das beginnt immer heller und heller zu leuchten. Anerkennt so auch Eure Mitmenschen, die vielleicht noch neben Euch mit schmalen Augen und Schweißperlen auf der Stirn nach den letzten Geschenken suchen, und erkennt dahinter den Sinn.

Wisset, ein Jeder tut alles, um Liebe zu bekommen und zu Weihnachten geht man dafür an seine äußersten Grenzen (auch finanziell). Daher auch die vielen Streitenergien und Aggressionen, die sich ausbreiten, denn oft wird diese innere Erwartungshaltung nicht erfüllt.

Meistens werden die verzweifelt gesuchten Geschenke angenommen und kurz darauf emotionslos zur Seite gelegt, da sie für den Beschenkten die Erwartungen nicht erfüllen.

Jeder erhoffte sich den tiefen Einblick in sein Innerstes und meinte, dass dieses Päckchen seine wahren Wünsche beinhalte. Aber leider kann man Gefühle wie Liebe, Anerkennung, Respekt und Beachtung nicht in eine materielle Hülle packen und sie weiterschenken.

Man muss sie sich einmal mehr erarbeiten. Die Frage die Ihr Euch stellen solltet wäre, ob Ihr bereit seid, auf all diese Äußerlichkeiten zu verzichten und bereit seid, Euch wieder Euren inneren Gaben zuzuwenden? Einfach dazustehen in Eurer ganzen Liebe und Anerkennung und Euch gegenseitig diese Aufmerksamkeit zu schenken. Die Bereitschaft, bewusst zu sein, zuzuhören und den Anderen einfühlsam zu verstehen. Egal was andere darüber denken und davon halten.

Beachtet, die Angst spielt auch hier mit, die es verhindert, altbekanntes zu verändern und aufzugeben. Es mag für jeden Erwachenden, der den lichten Weg noch nicht mit Freude beschreitet, besonders unmöglich erscheinen, aber Ihr könnt es Euren Kindern vorzuleben beginnen, so wie es für sie dann später selbstverständlich sein könnte.

Zeigt, dass diese Angst der Werbefilm eures Egos ist, damit Ihr dem alten Weg treu bleibt. Nämlich die Anerkennung im Außen zu suchen. Die Furcht, Euer Innerstes aufzudecken und in weiterer Folge die Geschichten die hochkommen zu bearbeiten, bereitet vielen – oft auch unbewusst – Unbehagen. Aber wisset, es ist Zeit zu beginnen. Ihr werdet merken welche Freude es bereitet, seine wahre strahlende Seele wieder zu entdecken, die man einfach in seiner Angepasstheit immer mehr ummantelt hat. Die kleineren Löcher, die man durch die Arbeit an sich selbst zu bohren beginnt, lassen das Licht an die Oberfläche dringen und Ihr dürft erkennen, was bisher verborgen geblieben war. Ihr seid strahlende Lichtwesen, die sich in die tiefste

Materie und Dunkelheit bewegt haben, um große Erfahrungen zu machen.

Jetzt ist es Zeit, zum wahren Selbst zurück zu kehren. Die, die bereit sind, den Anfang zu machen, werden den Nachkommenden den Weg erleuchten dürfen. Daher scheut nicht die Anstrengung, das Leid und den Schmerz, den es oft kostet, durch die Erfahrungen der Vergangenheit zu gehen. Der Lohn ist ein großer und Ihr werdet es niemals bereuen.

Viele die am Beginn ihres neuen Pfades sind, erreicht irgendwann eine Verzweiflung, wo sie gar nicht mehr sicher sind, ob sie die richtige Abzweigung gewählt haben. Aber seid Euch gewiss, dieses haben wir alle durchlebt, denn es ist ein Aufbäumen des Egos, das es nicht „witzig" findet, auf diese Art enttarnt und ausgeschaltet zu werden. Bleibt Eurer Richtung treu und erliegt nicht den Versuchungen im Außen. Meistens sind es nur vorgetäuschte Illusionen, die in Euch eine Art von Neid schüren, dem Ihr gerne wieder nachgeben möchtet.

Beachtet dabei, wenn Ihr Euch für die Entdeckung Eurer höheren Bestimmung entschieden habt, es gibt keinen Weg mehr zurück. Auf diesen erleuchteten Moment habt Ihr tausende von Jahren hingearbeitet und wenn es soweit ist, dann geht das Bestreben nur mehr nach vorne, seinem Ziel entgegen. Wahrscheinlich besteht Eure Aufgabe darin, den Mitbrüdern und Schwestern, die dies gerade erleben, den nötigen Mut zuzusprechen und Aufmerksamkeit zu geben, damit Ihre Verzweiflung nicht überhand nimmt.

Das ist Teil der so genannten „Lichtarbeit", die Ihr für Euch gewählt habt. Und das bedeutet in einer Zeit, die so ruhig und angenehm und erfüllt mit Liebe sein sollte, soviel mehr, als ein großes materielles Geschenk je erfüllen könnte.

Daher achtet und ehrt Eure Gefühle, teilt sie in Freude und Anerkennung mit Euren Mitbrüdern und Schwestern und beschert Euch damit gesegnete Weihnachten.

Ihr seid über alle Maßen geliebt und bewundert.

Die Euren.

17. Januar 2007

Ihr über alles geliebte Freunde!

Die Zeit als Konstante wird nach Euren Meinungen immer schneller.

Ein Tag, der immer noch in den alten 24h Rhythmus eingeteilt ist, entspricht schon lange nicht mehr diesem Maß. Die Schwingung der geliebten Erde erhöht sich ständig und daher auch die Geschwindigkeit der Zeit. Menschen, die heute 50 Jahre alt sind, entsprechen nicht mehr den 50-Jährigen von vor 100 Jahren.

Wisst Ihr eigentlich, wer dafür verantwortlich ist? Geliebte Freunde im Licht – es ist Eure Leistung, dass Ihr es bewerkstelligen konntet, zeitgerecht zu erwachen und die Euch gestellten Aufgaben mit Freude zu erfüllen. Für uns hier in den anderen Dimensionen ist es wahrlich eine unbeschreibliche Freude, die Farben und die sich ständig verändernden Schwingungsfelder zu sehen. Ihr seid Euch wahrscheinlich gar nicht so recht bewusst, was Ihr eigentlich sowohl tags im irdisch bewussten Zustand als auch nachts in Eurem Geistkörper zu leisten bereit seid. Eure Arbeit ist so vielschichtig und verschieden, wie Ihr Menschen seid. Und es ist uns eine große Freude, Eurem Erwachen immer wieder zuzusehen. Nun zu Euren Aufgaben.

In dem Zustand, auf Eurer Seite des Schleiers, ist es ja so, dass durch das Vergessen viele Dinge, die Euch eigentlich selbstverständlich waren, sehr schwer fallen. Dazu gehört unter anderem das

Kreieren. Viele fragen sich vielleicht, was es mit diesem Wort auf sich hat, und wir sind gerne bereit, darauf näher einzugehen.

Die ursprüngliche Seele war frei. Sie wusste um Ihre Herkunft als ein Funken Gottes und daher stand Ihr auch alles offen. Jeder Zustand, jede Situation, jede Bewegung und jede Veränderung war ein Teil von Ihr selbst und daher vollkommen und selbstverständlich. Es gab keinen Konkurrenzkampf und auch keine Angst, weniger zu besitzen, zu wissen oder zu erhalten. Denn für jeden gab es den unerschöpflichen Zustand des Fließens. Es lebte sich unbeschwert. Diese Situation barg aber in sich bald die ewige Gleichheit.

Um wieder Bewegung in das Ganze zu bringen, kam es zu der Entscheidung für das Spiel Erde und dem Leben in der Dualität. Viele waren begeistert und freuten sich auf dieses Abenteuer. Sie gaben bereitwillig Ihre Fähigkeiten auf, um mitspielen zu dürfen. Im Prinzip hatten sie diese aber nie verloren, sowie auch Ihr eigentliches Sein als Funken Gottes. Er leuchtete weiterhin immer in Ihrem Inneren.

Was verloren war, war aber das Bewusstsein darüber. Es dauerte Jahrtausende, bis der Einzelne wieder zurückfand und seine ursprüngliche Bestimmung wieder erkannte.

Trotz allem fällt es Euch, die Ihr wieder das Licht erkanntet, schwer, dieses Ursprungsrecht zu leben, welches doch bedeutet, dass jeder seines Glückes Schmied sei und es nichts gäbe, das er sich nicht selbst zu erschaffen fähig wäre.

Leider wendet Ihr die Fähigkeit des Kreierens all zu oft an, um die negativen und für Euch erschreckenden Dinge zu erzeugen. Wie zum Beispiel alle Selbstverurteilungen, durch Angst erzeugte Zerrbilder, Vermutungen und Hoffnungen, Wut, Hass, Drohungen und Verwünschungen. In der Manifestation dieser Energien kennt sich jeder aus, da Ihr viele Inkarnationen damit erfolgreich gearbeitet habt. Jetzt ist die Zeit gekommen, wo Ihr ganz bewusst Eure Fähigkeiten wieder auf die schöne Seite hin schulen sollt. Haltet Eure Gedanken rein. Beginnt sofort damit alle negativen oder auch nur ansatzweise bösen Überlegungen aus Eurem Kopf mit Freude zu entlassen. Schult Euch darin, perfekt zu werden. Im gleichen Ausmaß beginnt Ihr, sie durch schöne und lichtvolle Vorstellungen- einfach nach Eurem Wunsche- zu ersetzen. Damit ist Euer kleiner eigener Lebensbereich – Familie, Beruf – als auch der weltliche mit Regierungen, Ländern und Politik gemeint.

Beginnt sofort damit, Eure Mitbrüder und Mitschwestern geistig in Liebe zu umarmen - egal, ob Euch Ihr Verhalten gefällt oder nicht. Seid Euch bewusst, dass Ihr dieses Spiel ausgewählt habt, um die verschiedenen Facetten an Euch zu entdecken, indem Ihr in Interaktion mit Eurem Gegenüber geht. Genießt es einfach und lernt es auszustrahlen diese allumfassende nichts fordernde Liebe. Warum das wichtig ist?

Es ist der Anfang des Endes des Spieles der Dualität. Jeder von Euch, der in diesem Moment inkarniert ist, hat sich bereit erklärt, Besonderes zu leisten, um mitzuhelfen, dieses Spiel zum Ende zu führen, um am Ende wieder das Paradies hinter dem Schleier zu finden.

In diesem Sinne gilt es vor allem für Euch, geliebte Lichtarbeiter mit erhobenem Haupt, das großartige Strahlen verbreitend, voranzugehen, um den Anderen neidlos den Weg zu leuchten.

Gedanken wie – sie sollen doch selbst daran arbeiten, auch ich habe nur durch mühsame Detailarbeit meinen Weg gefunden – sind fehl am Platz. Es geht darum, als Erde mit Bewohnern dieses Ziel zu erreichen. Wisset, der kritische Punkt ist schon überschritten, die Weichen sind gestellt, es liegt jetzt an Euch, dieses auch zu manifestieren.

Wir lieben Euch über alles, ehren und schätzen Euer Tun.

In Liebe.
Die Euren.

24. Februar 2007

Geliebte Freunde im Licht!

In diesen Tagen wird es viele Dinge geben, die Euch einfach in Staunen versetzen. Dazu gehören auf jeden Fall die unzähligen Berichte über Geschehnisse, die außerhalb eures Vorstellungsvermögens liegen.

Seht zum Beispiel die wachsende Anzahl an Mitbrüdern und Schwestern, die bereit sind, Ihre Kenntnisse und Ihr Wissen mit Euch zu teilen, Euch zu unterbreiten, vorzutragen und zu schulen. Viele tun dies mit göttlichen hingebungsvollen Zugängen und Wissensvoraussetzungen. Immer mit dem Ziel, den Weg so zu erleuchten, damit ein jeder der bereit ist, den richtigen Zugang zu seinem göttlichen Selbst finden kann.

Auch in diesem Fall erscheint es trotz allem oft sehr schwierig und anstrengend. Viele Hindernisse die unermesslich hoch erscheinen, blockieren den Weg, aber alleine Eure Bereitschaft zum Tun macht es einfacher. Der Schlüssel dazu ist immer Euer Vertrauen. Das Vertrauen in Euch selbst, Eure nächsten geistigen Freunde und all die anderen Begleiter, die vielleicht ganz plötzlich und unerwartet in Eurem Leben erscheinen. Wenn Ihr dies dann erkennen könnt als eine besondere Unterstützung und Begleitung, werdet Ihr sehen, dass sich die geglaubten Schwierigkeiten verflüchtigen.

Von Euch wird dabei aber einiges erwartet. Natürlich nicht in diesem Augenblick. Aber sobald Ihr zu *tun* beginnt, werdet Ihr erkennen, dass die absolute Erleuchterung einsetzt in dem Moment, wo Ihr bereit seid Euer Herz zu öffnen. Die Energie, die dann durch Euch fließt und Ihr auch bereit seid zu geben und zu teilen, ermöglicht Euch *alles*. Jedweglicher Fortschritt ist dann kein Thema mehr, da der Fluss in dem Ihr seid Euch einfach zu dem göttlichen Wesen macht, das Ihr immer schon gewesen seid, aber leider nicht erkanntet. Die Öffnung eures 4. Chakras und gleichzeitig des Herzens auf der physischen Ebene ist gleichzusetzen mit dem Erreichen der letzten Stufen vor dem Ziel.

Ihr habt im Laufe Eurer Lebenszeiten immer mehr von dieser Energie abgegeben, da Ihr der Angst und der Trauer aus den gegebenen Umständen mehr zugetan wart. Ihr habt einfach vergessen wie schön es ist, in dem absoluten Vertrauen und der Liebe zu sein. Dem Zustand, der ist, wenn Ihr wieder zurück seid „am Beginn" sozusagen. Dies war wirklich notwendig.

Vieles hättet Ihr nicht erlernen und erleben können, wärt Ihr in diesem „Bewusstsein" geblieben. Das Spiel hatte und hat einfach Regeln, die bedingen, dass das Vergessen unumgänglich ist. Nun aber blitzen die ersten Funken durch den grauen Schleier. Selbst die geliebten Freunde die neu auf dem spirituellen Weg dazukommen, erkennen ganz schnell, dass es anders ist, als man Euch immer glauben gemacht hat. Nämlich nicht wertend und bestrafend, sondern ausschließlich verständnis- und liebevoll.

Etwas nachdem zu suchen es sich wirklich lohnt.

Wie gesagt, es fordert viel Mut und den freien Willen, der in die Tat gesetzt gehört.

Tat bedeutet Tun und die, die den Weg bereits kennen, warten in Liebe darauf, Euch beim Wiederfinden und Erkennen unterstützen zu dürfen. Achtet darauf, auch diese irdischen Begleiter mit der Energie Eures Herzens zu wählen. Nichts ist Zufall - und daher wird Euer Begleiter auf dem Weg jemand sein, der Euch und Eurer Schwingung entspricht.

Wenn Ihr dabei Fehlschläge erlebt oder meint, auf so genannte Scharlatane zu treffen, betrachtet Eure eigene Einstellung zu der Person oder der Leistung, die sie anbietet. Wart Ihr wirklich bereit Euch zu öffnen, oder war es nur ein Versuch, den leichten Weg zu gehen? Vielleicht auch etwas Neues einfach nur so zu probieren ohne Erwartung eines Erfolges. Habt Ihr versucht Eurem Gegenüber zu trotzen, um ihm zu beweisen, dass seine Art die Sache zu behandeln nicht richtig ist?

Energien sind große Lehrmeister. Bedenkt, dass alles was Ihr aussendet zurückkommt - mit gleicher Stärke, Qualität und Kraft. Daher beginnt eine Euch eigene Kraft wieder zu benützen, nämlich die des Kreierens. Macht es Euch einfacher, indem Ihr darauf vertraut, nur in die besten Hände zu kommen und so wird es geschehen.

Weiters bedenkt jeder von Euch, der bereits so weit gegangen ist, um seine Mitbrüder und Schwestern unterstützen zu können, in Form von Behandlungen, Sitzungen oder "Therapien", trifft auch nur wieder das Gegenüber, das im Moment für ihn wichtig ist und unterstützend wirkt in seinem Fortschritt. Niemand tritt mit einem Anderen einfach so in Kontakt, daher lernt aus jeder Situation vor allem für Euch selbst.

Nichts ist so, dass es für Euch nicht eine kleine Schulstunde bedeutet, daher geht immer mit Freude und Energie daran. Zu beachten sei auch, keinen der Euch um Hilfe bittet abzulehnen. Sei sein Problem in Euren Augen auch noch so gering oder sei der Charakter oder die Ausstrahlung des Menschen so, dass er bei Euch auf Ablehnung trifft.

Immer ist der Weg das Ziel und den Weg habt Ihr Euch selbst gewählt. So sei für Euch alle die Lehrenden und Lernenden das große Ziel, die Einheit wieder zu finden. Das Karma habt Ihr Euch geschaffen. Jetzt in den Bereichen, wo schon ganz genau zu erkennen ist welches Spiel gerade am Laufen ist, seid mutig und spielt mit. Egal ob Ihr den Widerstand des Egos verspürt oder einfach in alte Muster fallt. Ihr könnt annehmen, dass Euch jede der bestandenen Prüfungen einen großen Schritt weiter bringt.

Geht in Eurer Meditation immer wieder solche Situationen durch, betrachtet die Szenen ganz neutral und gebt allen anderen aufkommenden Bildern ebenfalls Ihren Platz. Betrachtet sie, ohne in die Bewertung zu gehen und Ihr werdet merken, dass sie große Ähnlichkeiten miteinander haben. Dieses ist dann der „rote Faden", der sich immer wieder durch Euer Leben zieht und einfach eine Energie ist, die Euch begleitet.

Bei der Betrachtung geschieht nun außerdem etwas Wunderbares. Ihr löst Karma auf und somit werden die Themen, die Euch begleitet haben, immer weniger, und Ihr geht immer seltener in Resonanz mit Eurem Gegenüber. Das heißt, Euer Leben beginnt sich ausgeglichener anzufühlen und Ihr werdet immer mehr bereit dazu, die sich Euch stellenden Verhinderungen und Bürden in Angriff zu nehmen, da Ihr die Veränderung ja sofort bemerken könnt.

Nur ganz einfach dadurch, dass Ihr bereit seid, die Zusammenhänge zu erkennen und anzusehen, dürft Ihr sie erlösen. Dabei braucht Ihr nie das Gefühl von Angst aufkommen zu lassen, denn unzählige Begleiter aus der geistigen Welt stehen Euch zur Seite, um Euch mit Liebe, Freude und Stolz zu begleiten.

Wisset, einzig und allein durch Euren freien Willen und Euer Tun habt Ihr die Möglichkeit, die Situationen und Dinge in Eurem Leben zum Positiven zu verändern.

Wir lieben Euch und betrachten Euer Tun mit immenser Bewunderung.

Die Euren.

19. März 2007

Ihr über alles Geliebten!

Es ist ein Geschenk, wieder mit Euch sein zu dürfen. Vor allem in diesen Zeiten der emotionalen Unruhen und Umwälzungen wo es Euch schwer fällt, Eure Mitte zu finden und zu halten.

Falls Ihr bereits zu denen gehört, die diesen besonderen Weg schon in dem Maße beschritten haben, dass es Euch ein Leichtes ist, das Ungleichgewicht zu erkennen und in einfachen Schritten und Handlungen auszugleichen, stellt diese Tatsache kein großes Problem dar. Aber für alle, die noch in den Anfängen ihres Erwachens sind, kommt es oft zu Behinderungen die nicht zu unterschätzen sind und einen beträchtigen Grund zur Verzweiflung darstellen.

Wir alle wissen, welch langer Weg der Weg der Erkenntnis ist. Viele Erlebnisse, Leben und karmische Ereignisse haben uns bis zur heutigen Lebenssituation begleitet. Jetzt sind wir dazu aufgerufen zu lernen, die vielen Geschehnisse als Hinweise zu erkennen, um unseren persönlichen Weg zu sehen und vor allem zu gehen. Die Menschenkinder, die zu dem noch nicht bereit sind, jeder hat seine eigene und richtige Geschwindigkeit, *leiden* dann des Öfteren an den Situationen, die sie sich schaffen, um daraus ihre gewünschte Einsicht zu erlangen.

Aber immer es dauert es nur solange, bis *sie* soweit sind, sich aktiv mit ihrem Leben, ihrer Gesundheit und der daraus entstandenen Situation auseinanderzusetzen. Niemand kann da auf sie Druck ausüben oder sie zu etwas zwingen, denn auf Dauer liegt es nur am Einzelnen es wirklich zu wollen. In diesem Sinne beziehen sich diese Worte hauptsächlich auf die Gruppe derer, die bereit sind, an sich zu arbeiten und dadurch auch scheinbar schwierig zu bewältigende Situationen und Geschehnisse zu kreieren.

Habt Ihr schon einmal lange und intensiv auf Eure Gefühle geachtet? Versucht einmal, Eure Gedanken zu beobachten und betrachtet dann die vielen Geschehnisse und Bilder im Außen.

Sei es etwa, dass Ihr wertlos über Euch selbst urteilt.

Früher oder später werdet Ihr diesen Gedanken im Außen präsentiert bekommen. Es mag Euch widerfahren, dass jemand, vielleicht in der Familie, am Arbeitsplatz oder in der Öffentlichkeit an Euch herantritt um Euch mit Worten oder Handlungen zu verletzen.

Hier könnt Ihr bereits, wenn Eure feinen Sensoren darauf eingestellt sind, bemerken, dass es eine selbst geschaffene Situation ist. Ihr habt Eure Gedankenenergie so geformt, dass sie Euch im außen begegnet und Euch so eine Möglichkeit geboten hat damit umzugehen und zu handeln. Wenn Ihr jetzt noch ungelöste Karmapunkte in Eurem Energiefeld habt, wird jetzt folgendes geschehen: Ihr reagiert auf diese Situation in alten Mustern. Sei es mit Angriff, beleidigt sein, Rückzug, Streit, gekränkt sein bis zur Krankheit und vielem mehr. Falls Ihr in Euren spirituell geistigen Aufräum-arbeiten bereits fortgeschritten seid, habt Ihr jetzt die Möglichkeit, Euch in diesem Spiel wieder zu erkennen und Eure Mitte zu bewahren.

Es mag sein, dass dies als leichte Aufgabe er-scheint, aber in Wahrheit steckt viel Bewusstsein und Selbstliebe dahinter.

Sicher habt Ihr in Eurer Erfahrung schon bemerkt, dass die Schauplätze sehr wandelbar sind und sich jedes Mal mit zusätzlichen Aspekten präsentieren.

Um das Beispiel von zuvor weiter zu verwenden, stellt Euch vor, diese selbstwertzerstörende Aussage wird von Eurem Ehepartner getätigt. Wie viele verschiedene Emotionen könnt Ihr da erkennen, die sich dazumischen und auch mitschwingen.

Ganz im Gegensatz zum Schauplatz Büro oder Arbeit. Hier be-trifft es Euren Stolz und Eure Würde wird im Außen, gegenüber den Kollegen massiv verletzt und angegriffen.

Jedes Mal habt Ihr die Tendenz, andere Facetten Eures Selbst mit ins Spiel zu bringen und immer ist der Ausgang ungewiss.

Seid Ihr in Eurem Selbstfindungsprozess schon gefestigt, könnt Ihr wie schon erwähnt jetzt in das Spiel vorzeitig eingreifen und die Lösung erkennen.

Geht ganz bewusst in Eure Mitte, sprecht in Euer heiliges Herzzentrum, das Zentrum Eurer Selbst-liebe und der allumfassenden Liebe, und lasst hier die Energie strömen.

Ihr könnt nun schnell erkennen wie sich die Energie und somit auch die Situation von innen heraus wandelt. In dem Moment, wo Euer Gegenüber von dieser strömenden Energie der Liebe erreicht wird, und erkennt dass energetisch keine Resonanz besteht, kann sich alles auf – *lösen.* Nichts kann Euch dann noch in Handlungen und Aussagen verstricken, die nicht dienlich und in Liebe wären.

In genau diesem Moment habt Ihr die Energie enttarnt und Ihr keine Chance mehr gegeben, sich auszubreiten und durch Euch zu wirken. Ihr seid zu Licht-Arbeitern geworden, denn Ihr habt durch Euer Herzzentrum die Verbindung geschaffen, um alles Alte in Liebe zu lösen.

Wundert Ihr Euch über die Einfachheit? Bedenkt, dass Ihr den großen Schritt schon gegangen seid, als Ihr Euch bewusst auf den lichtvollen Weg begabt. Anerkennt, dass alles nur Euer Spiegel ist und alles den Platz in Euch selbst hat und dort auch zu finden ist.

Aus diesem Grund erfordern alle weiteren Schritte nun Eure Konsequenz, denn wer von Euch hat in einer solch angespannten Situation schon versucht, sein Herz wirklich zu öffnen, die Angst vor dem Verletzt werden überwunden und Taten gesetzt?

Vergesst dabei nie Euer schützendes Ego, das in diesem Moment eine andere Reaktion von Euch verlangen würde. Nämlich die der „bewährten" Verteidigung seines Stolzes und der Persönlichkeit.

Bitte seid Euch immer Eurer Göttlichkeit bewusst. Der Wille und die Absicht ebnen Euch bereits einen

Teil des Weges. Daher achtet besonders auf die Liebe in Eurem Herzen. Der Liebe zu Euch selbst und allem, was Gott geschaffen hat.

Wir lieben und wir achten Euch.

Die Euren.

1. April 2007

Ihr über alles Geliebten!

Es ist Zeit für Euch zu erkennen, dass jede Eurer Handlungen eine Manifestation Eurer Selbst ist.

Ihr seid in jedem Moment eures Lebens der Verursacher der in der Folge eintretenden Ereignisse. Nichts und niemand können an Eurer Stelle für Euch die Entscheidungen treffen oder die Verantwortung übernehmen.

Jedes einzelne Wort, das in Euch geformt und ausgesprochen wird, ist eine Kreation von Energie.

Wie Ihr wisst, geht Energie im Universum niemals verloren sondern kehrt letztendlich zu seinem Ursprung zurück. Daher - achtet auf Eure Sprache!

Wie oft verwendet Ihr Worte, die Euch kurz darauf bereits bewusst werden und Euch „furcht- bar" leid tun. Wie könnt Ihr diese nun im Nachhinein löschen oder klären? Dies ist etwas, das Ihr zu lernen habt.

Es geht darum zum Gedanken zurückzukehren, der sie ausgelöst hat. Dieser Gedanke steht nämlich für die lange Erinnerung und Vergangenheit, die Ihr jederzeit mit Euch tragt.

Ihr habt Euch in solchen Momenten sicher schon gefragt, warum Ihr mit soviel Wut gerade bei Menschen, die Euch besonders nahe stehen oder die Ihr sehr liebt, wie auch Eure Kinder, reagiert. Und Ihr ahnt es bereits. Es ist Euer eigenes Karma, das hier zum Vorschein kommt. Ihr werdet an eine

Situation erinnert, die schon einmal stattgefunden hat und wo Ihr nicht in Liebe gehandelt habt. Jetzt habt Ihr Euch diese Situation wieder erschaffen, indem Ihr mit den „richtigen Mitspielern und Umständen" die Möglichkeit habt, die richtige Handlungsweise zu erproben. Ihr steht wieder an dem Punkt, wo Ihr zum Handeln gefordert seid.

In welche Richtung bewegt Ihr Euch? Habt Ihr schon gelernt, den Weg der Liebe zu gehen? Die „richtige" Wahl ist immer diese Emotion, die Ihr findet, wenn Ihr ganz in Eurer Mitte seid - LIEBE.

Wenn Ihr nun in diesen Zustand der Wut, Verzweiflung, Aggression und Unterlegenheit kommt, gebt Euch die Auszeit eines kurzen Momentes. Atmet in Euer Herzzentrum das goldene Licht und sprecht erst dann weiter. Es reicht aus, um Euch zurück in Eure Mitte zu bringen und Ihr werdet nach einiger Zeit der Übung feststellen, dass der Weg der liebevollen Wortwahl Euch zu neuen Perspektiven begleitet. Ihr habt die Wahl.

Denn wisset, die Pfeile die durch schlechte Gedanken und Worte ausgesandt werden, stellen letztendlich für Euch ein großes Problem dar. Sie sind die Stolpersteine, die Euren Weg pflastern. Es macht Mühe, sie immer wieder zu entfernen, um sicher weiterzugehen. Das Beispiel dazu wäre, dass Menschen immer wieder mit großer Aggression an Euch herantreten. Obwohl Ihr das Gefühl habt, wie bei Euren Familienangehörigen, sie wirklich zu lieben, reagieren sie oft völlig unmotiviert auf Euch. Beginnt damit, an Euch zu arbeiten.

Ihr, die Ihr schon viel erkannt und erfahren habt, seid doch bereits offen und bereit dazu, in eine verzeihende Haltung zu wechseln und die Ursache bei Euch zu finden. Nehmt dies zum Anlass, Eure Spiritualität zu nützen und damit aktiv zu arbeiten. Die Folgen der neuen liebevollen Sprache werden sich bald manifestieren.

Die Spiegel um Euch herum werden wie blankpoliert sein und zu leuchten beginnen und der strahlende Funke in Euch kann immer mehr zum Vorschein kommen. Ab diesem Moment seid Ihr dann auch bereit, mit diesem Licht zu arbeiten. Die Ehrlichkeit und Klarheit, die aus Euch strahlt, wird auch eine große Hilfe für Eure Mitbrüder und Schwestern sein, da Ihr in diesem Moment auch die Felsbrocken aus Ihrem Weg entfernt.

Die Bedeutung des Begriffes *Licht-Arbeiter* bekommt nun eine neue Perspektive. Ihr arbeitet nun mit dem Licht für die Anderen, gebt ihnen Sicherheit und Begleitung und erfahrt somit auch die Anerkennung von allen Seiten, der irdischen und der geistigen Welten. Denn auch wir erkennen mit viel Freude Euer Tun und begleiten Euch gerne mit unserer Liebe und Anerkennung.

Was denkt Ihr, welche Auswirkungen weltweit in Kraft treten, wenn schon ein kleiner Teil der Menschen beginnt, seine Gedanken nicht mehr wie Waffen einzusetzen. Die Energie, die dadurch *nicht* mehr in Bewegung gesetzt wird, trägt selbst zur Heilung der Erde bei. Die Auswirkungen in Form von Erdbeben und anderen Natur-*Katastrophen* wären nicht mehr in diesem Ausmaß nötig, da es keiner

Reinigung mehr bedarf.

Nun könnt Ihr auch erkennen, dass keine einzige Eurer Handlungen nur für Euch selbst zur Wirkung kommt. Seht ab von der oft getätigten Aussage „was kann *ich* schon bewirken?"

Ihr unterschätzt damit Eure Göttlichkeit und Fähigkeit zur Manifestation. Anerkennt Euren großen Tätigkeitsbereich, den Ihr gewählt habt, um in der Dualität zu wirken.

Nichts ist Euch wunderbaren Wesen unmöglich und daher geht den Weg des Erwachens auf dieser geliebten Erde.

Wir sind mit Euch und senden Euch unsere Liebe.

Die Euren.

10. Mai 2007

Ihr geliebten Brüder und Schwestern!

Ist diese Zeit, die nun angebrochen ist, nicht außergewöhnlich?

Ihr, die Ihr bereit seid Eure Entwicklung in Richtung Lichtkörper zu unterstützen, habt wahrscheinlich gar nicht genug Zeit, um die Geschehnisse, die mit Euch und um Euch herum geschehen, zu verarbeiten.

Dies ist das Wunderbare daran. Je mehr Ihr bereit seid die Führung an Euer Höheres Selbst abzugeben, desto mehr kann in Bewegung kommen.

In dem Augenblick, wo Ihr aus der Wertung, dem Beurteilen und Verurteilen aussteigt, gibt es die Abfolge der Dinge im herkömmlichen Sinn nicht mehr. Ihr seid dann wie ein offener Kanal, für uns wunderschön zu erkennen und anzusehen, durch den das göttliche Licht strömen kann. Ab jetzt kann der kleinste Felsen, der sich dem Strom widersetzt, in Bewegung gebracht und fortgeschwemmt werden.

Daher geschehen die Dinge auch mit solchen Geschwindigkeiten.

Ihr könnt es Euch so vorstellen: ein Strom, der durch alte Bäume und anderes Treibgut in seinem Fluss behindert war. Werden ein paar Teile mutig entfernt, beginnt das Wasser mit seiner Selbstreinigung. Je größer die entstandene Öffnung, desto schneller der Fluss.

Daher ist es ab jetzt nicht mehr möglich, dem Geschehen Einhalt zu gebieten, da das Wissen des Flusses ob seines Ursprunges den Verlauf nun selbst bestimmt.

Nun könnt Ihr dies direkt mit Eurer Arbeit im spirituellen Bereich vergleichen.

Zu Beginn ist alles blockiert, man denkt sich diesen Zustand als „normal". Doch plötzlich geschieht etwas mit Euch, es kann ein Ereignis wie ein Unfall, eine Krankheit, ein Todesfall oder einfach ein Mensch, der Euch begegnet und zum Umdenken anregt, sein.

Mutig geht Ihr in den meisten Fällen dann daran, Neues zu entdecken und Altes loszulassen und im Laufe der Zeit beginnen die Zustände und Ereignisse immer schneller und schneller zu laufen.

Wart Ihr am Beginn nur Opfer Eurer Situation, so reißt Ihr im Laufe Eurer Entwicklung nun immer mehr Löcher selbst in Eure festgefahrensten Einstellungen. Ihr werdet schon bald erkennen, dass Euch unzählige Hilfen von Außen zur Verfügung gestellt werden und Dinge auf Euch zukommen, die Ihr nicht vorhergesehen habt.

Oft werdet Ihr kleinlaut, traurig und verzagt auf Rückzug gehen und meinen „Ich will das alles nicht mehr, kann ich nicht zurück in mein altes Leben".

Die Antwort ist *nein*, das kannst Du nicht. Denn wie beim Lauf des Flusses, die Kraft der Erkenntnis und der Erinnerung ist stärker als jedes Ego oder jedes mechanische Hindernis.

Daher erkennt, nur Euer Ego sehnt sich nach dem Alten, denn da konnte es bestimmen, vorhersehen und manipulieren. Jetzt in Richtung Göttlichkeit kommt es nur darauf an, im Fluss zu bleiben und anzunehmen, alles was auf Euch zukommt.

Seht es wie die Kinder. Geht fröhlich, mutig und beharrlich weiter, bleibt in der Liebe verankert und vor allem in Eurer eigenen Verbindung zur Göttlichkeit. Nichts kann Euch dann Schaden zufügen. Ihr werdet nun dazu geformt und geleitet Er-Wachsen zu werden. Zurückzukehren in Eure Größe, Euer Wissen und Euren Ursprung.

Verzagt nicht. Seht es als Spiel. Setzt Euren Willen ein, um offen zu bleiben und nicht wieder zu erstarren, da Ihr das Alte zurückhaben wollt.

Wenn Ihr Euer Vertrauen mobilisiert, werdet Ihr die Geschenke auch erkennen, die Ihr von der geistigen Welt täglich erhaltet.

Manchmal mag es aber auch sein, dass Ihr um Dinge bittet, die dann vielleicht nicht in der Form zu Euch kommen, wie Ihr es gedacht hättet. Versucht hier, in Eurer Betrachtung eine Stufe höher zu steigen. Erkennt so Zusammenhänge, die viel weiter gehen, als Ihr es Euch vorgestellt hättet.

Karma wird verringert, abgearbeitet und erlöst, aber trotzdem gilt zuallererst der freie Wille und jeder, der in dem Spiel mitverwickelt ist, braucht seinen eigenen Anteil daran.

Daher geht in Euch und fragt um die Erklärung und lasst Euch die nötige Hilfe von Eurer eigenen *Führung* durch die gewählten Spiele-Welten zukommen.

Ihr werdet sehen, auch wenn Ihr denkt immer tiefer und tiefer hinab zu steigen, der Weg ins Licht ist Eure Bestimmung.

Erkennt ihn und arbeitet damit.

Viele, viele Helfer stehen hier bereit. Gebt ihnen ihre Möglichkeit, Euch zu unterstützen. Sowohl auf der Engelseite als auch auf der Eurer Geistführer und Meister, jeder einzelne ist bereit, Euch zu hören und zu begleiten.

Ihr werdet auch im Irdischen auf Menschen treffen, die die Fähigkeit haben Euch ein wenig zu leuchten, damit Euer Weg wieder sichtbarer und klarer wird.

Mut und Bereitschaft sind die Dinge, die wir Euch mit großer Liebe und Anerkennung über diese Worte vermitteln wollen.

In diesem Sinne, ehren und schätzen wir Euch für Euer Tun.

In Liebe.
Die Euren.

19. Juni 2007

Ihr über alles geliebte Brüder und Schwestern!

Seht Euer Leben, wie es vorüber fließt.

Die Geschwindigkeit scheint mit fortschreitendem Alter immer höher und höher zu werden. Euch berührt immer öfter der Gedanke über die Vergänglichkeit und den eigentlichen Sinn desselben.

Wisset zuallererst, die Geschwindigkeit, ein Maß des linearen Denkens, ist wirklich schneller geworden. Dies hängt in erster Linie mit der Lichtwerdung eures geliebten Planeten zusammen.

Die Zeitlinien werden immer Dichter gelegt, folgend führt es im Laufe der Zeit dahin, dass sie in der Euch bekannten Art aufhört zu existieren.

Inwieweit Ihr in Eurem jetzigen Leben noch davon betroffen seid ist ungewiss, aber Ihr werdet weiterhin eine Verkürzung und Anpassung in Eurem Alltag bemerken.

Ihr habt gelernt damit umzugehen oder beginnt gerade, Euch damit auseinander zu setzen. Selbst in der Wissenschaft erkennt man bereits, dass sich die Lebensdauer eures Körpers bedeutend zu verlängern beginnt.

Dieser Prozess, diese Lichtwerdung und Schwingungserhöhung, erfasst jeden von Euch, da es ein erdbedingter Zustand ist.

Ihr geliebten Arbeiter des Lichtes werdet nun gebeten, diese Entwicklung Durch Eure eigene Lichtwerdung zu unterstützen.

Die viele Arbeit, die Ihr für Euch selbst und Eure Brüder und Schwestern leistet hilft, die alten Schlacken und Energiemuster aus Euren verschiedenen Körpern zu lösen.

Jedes Mal, wenn Ihr bereit seid alte Erinnerungen aufzuspüren und zu erlösen, geschieht Heilung. An Euch, Euren Mitbrüdern und Schwestern sowie der Erde.

Eure Zellen werden mit immer mehr Licht versorgt, beginnen in Folge zu verschmelzen mit dem göttlichen Strom und machen alle folgenden Schritte und Entscheidungen eures Lebens klarer und einfacher.

Zu Beginn werden die Hürden unüberwindbar und die Leiden und Schmerzen endlos erscheinen, aber schon bald, wenn Ihr dem Licht der Erkenntnis bereit seid zu folgen, lösen sie sich immer leichter.

Hier ist wieder nur Eure Bereitschaft zum Tun gefragt.

Versucht doch einmal diese Schicksals – Schläge, die Euch in regelmäßigen Abständen treffen, zu verhindern.

Es mag vermessen scheinen, dies Durch eigenes Zutun zu steuern, aber Ihr selbst seid Planer und Gestalter eures Lebens. Diese Gegebenheiten sind nur dann notwendig, wenn Eure Bereitschaft zu lernen nicht in ausreichendem Maße vorhanden ist.

Nehmt als Beispiel den Verlauf einer Krankheit:

Schon von Geburt an hat das Kind Probleme mit seiner Lunge. Jede Verkühlung, jeder Schnupfen bleibt dort hängen und verzögert die Heilung. Durch Gaben von Antibiotika wird der Krankheitsverlauf oft unterbrochen und an der Oberfläche geheilt, aber warum kommen immer wieder die gleichen Symptome zum Vorschein?

Die Antwort findet man nur dann, wenn man beginnt, den Menschen und sein Körpersystem von einem anderen Gesichtspunkt zu betrachten. *(Jeder wählt sich sein Lebensthema vor der Geburt aus, die Eltern werden dazu passend gewählt, um den Weg vorzubereiten und der Seele die Möglichkeit zu gewähren sich in die gewünschte Richtung zu entwickeln.*

Bei den so genannten Neuen Kindern, die seit 1996 den Weg zur Erde suchen, ist die Tatsache zu beachten, dass sie Ihr Karma bereits nicht mehr leben müssen. Sie übernehmen ab ihrer Geburt nur mehr die karmischen Aufgaben ihrer Eltern. Sie dienen sozusagen als Spiegel der Eltern, um diesen bei der Bewältigung ihrer eigenen Aufgabe Unterstützung zu geben.

Umso wichtiger wird es daher, gezielt auf Krankheiten dieser Kinder einzugehen und Ihre Krankheiten als die Euren zu erkennen und zu lösen.)

Auf jeden Fall hat sich das Kind die Lunge als den Austragungsort seiner Konflikte gewählt, hier tut es kund, wenn Dinge nicht den geplanten oder für die Entwicklung gewünschten Verlauf nehmen.

Gerade bei der Lunge mag es zum Beispiel sein, dass durch zuviel falsch verstandene Liebe Druck auf das Kind ausgeübt wird, der es an der eigenständigen freien Entwicklung hindert, man nimmt ihm die Luft zum Atmen.

Hier gäbe es noch unzählige Beispiele zu nennen, jedoch sollt Ihr hier nur verstehen, dass dieses kleine Wesen in der heutigen Zeit die Mühe der Krankheit auf sich nimmt, um Euch zu wecken, um Euch etwas aufzuzeigen und das Erkennen zu erleichtern.

Bis vor einigen Jahren war dieser Weg noch nicht möglich. Die Schwingung auf der Erde war tiefer und die Bereitschaft der Menschheit noch nicht soweit fortgeschritten, um Hilfestellungen aus der geistigen Welt zu erkennen und/oder anzunehmen.

Daher übernahmen die Krankheitsabläufe eine andere Funktion.

Beim Beispiel der Lunge schreitet das Kind in seinem Leben voran. Immer wieder quält es ein Infekt, aber mit zunehmendem Alter kommt der Mensch immer mehr in seine Kraft und kann auch genügend Energie sammeln, um seine Schwachstelle zu überdecken.

Erst wenn die Umstände sich ändern, die karmischen Entwicklungen Lebenssituationen erschaffen, die Kräfte vollkommen aufbrauchen, wird dieses alte Muster wieder akut. Die erste Bronchitis zieht sich über lange Zeit dahin und raubt die letzten Kräfte. Auf unangenehme Situationen folgt eine Verkühlung, die stets in der Lunge ihren Höhepunkt findet. Medikamente werden geschluckt, um den Körper weiterhin am Laufen zu halten. Nun entwickelt sich vielleicht eine chronische Krankheit wie eine Allergie oder Asthma.

Spätestens jetzt wäre ein Zeitpunkt gekommen, auf „alternative Heilungsmethoden" umzusteigen, die nicht ausschließlich an der Heilung des physischen Körpers arbeiten. Falls die Bereitschaft schon vorhanden ist, solltet Ihr auf die lichtvolle Arbeit Eurer Brüder und Schwestern zurückgreifen, die bereits geschult wurden, um Euch den Weg zu erleichtern. Eure Schulmedizinische Betreuung ist gut und hat vieles ermöglicht, doch vergesst nie Eure Eigenverantwortung, die Ihr für Euren Körper habt.

Nehmt körperliches Unwohlsein nicht zum Anlass, die Verantwortung anderen zu überlassen, sondern arbeitet mit und öffnet Euch für Euer Gefühl und Wissen, das immer in Euch selbst zur Verfügung steht. Nehmt die Beschwerden Eurer irdischen Hülle als Hinweis, der Euch die Richtung des weiteren Weges zu erkennen gibt. Die Medizin heilt, indem sie die Auswirkungen verhindert, aber für Euch gilt, die Ursache zu finden. Macht Euch die Mühe, auf die Zeichen Eures Körpers zu reagieren.

Warum zwingt Euch Fieber wohl ins Bett?

Im medikamentenlosen Normalfall wäre es die Möglichkeit des Rückzuges und der Innenschau, der Erholung und Besinnung. In den Stunden des

Alleinseins mit einem funktionsuntüchtigen Körper seid Ihr in einem Zustand der Entspannung und daher offen für neue Erkenntnisse. Viel kann an die Oberfläche kommen und verarbeitet werden und Ihr könnt es auch als Möglichkeit der geistigen Welt sehen, leichter zu Euch vorzudringen, um dabei Unterstützung zu leisten.

Leider gebraucht Ihr viel zu oft die Errungenschaften der Medizin, um das Fieber zu senken und den Körper weiter „laufen" zu lassen. Ihr nehmt dankend an und vernachlässigt so die Bedürfnisse Eurer Seele.

Die Folgen sind Euch allen sicher bekannt.

Plötzliche und „unerwartete" Ruhigstellungen Durch so genannte Zivilisationskrankheiten der heutigen Zeit. Diese zwingen den Einzelnen oft für immer zum Stillstand und oft ist auch der gesamte Familienverband davon betroffen, und wird so zum Umdenken gezwungen. Aber leider ist Euer so schönes Leben dann bereits mit vielen kleinen und großen Einschränkungen verbunden.

Daher nehmt die Möglichkeit dem Schicksal vorzugreifen an. Geht in Euch und arbeitet bewusst an Eurem Lichtwerden. Auch wenn Ihr gerade in einem Lebensabschnitt seid, der Euch keinen Mangel erkennen lässt und Ihr nur unwillig daran denkt, Eure Entwicklung selbst in die Hand zu nehmen und dadurch vielleicht Situationen zu schaffen, die Euer Leben verändern, es ist Euer gewünschtes Ziel.

Das Befassen mit den schrecklichen Dingen aus den Tiefen des Unterbewusstseins, die beim Erlösen vielleicht auch noch körperliche Schmerzen verursachen, bringt Euch dem Punkt immer näher, wo sich altes Karma ausgleicht und kein neues mehr geschaffen wird, um vollkommen lichtvoll in Verbindung mit dem Höheren Selbst den Inkarnationskreislauf zu beschließen und frei wählen zu können, wohin der weitere Weg führt.

Ihr habt diese wunderbare Aufgabe gewählt, um sie als Licht–*Arbeiter* den folgenden Brüdern und Schwestern vorzuleben. In guten und in schlechten Zeiten. Da könnt Ihr nämlich am Besten erkennen, wo Eure Grenzen sind und diese als selbst verursachte Be - Grenzung erkennen.

Diese „schrecklichen" Dinge könnt Ihr auch als Felsstücke sehen, die Euren Weg, Eure Strasse blockieren. Bevor Ihr mit einer gebrochenen Achse (Krankheit) liegen bleibt ist es doch besser, die Brocken mit eigener Kraft aus dem Weg zu räumen. Auch wenn es mühsam und zeitraubend erscheint, jedem Stück einzeln die Aufmerksamkeit zu schenken, werdet Ihr schneller und unversehrter vorankommen und Euer Ziel ohne Blessuren und körperliche Einschränkungen erreichen.

Hier findet Ihr dann auch ein Geschenk. Nämlich das auf Eurem Weg erlangte Wissen mit Liebe an Eure noch zurückliegenden Weggefährten weiterzugeben, um ihnen so das Fortkommen zu erleichtern.

Das macht Euch auch so unersetzlich für den gesamten Entwicklungsverlauf auf Eurer geliebten Erde.

Auch wenn Ihr denkt, als kleines Rädchen keine große Wirkung zu haben, jeder Einzelne leistet Großes und vor allem werden es immer mehr und mehr, die auf dem gemeinsamen Weg voranschreiten.

Möget Ihr versichert sein, dass wir Euch mit unserer Liebe und Anerkennung begleiten.

Die Euren.

5. August 2007

Ihr über alles Geliebten!

Diese Tage sind in Euren Augen oft eine besondere Herausforderung. Ihr habt Eure Zugänge zu vielen spirituellen Wegen bereits ausgemacht und begonnen, sie mit viel Hingabe zu erschließen. Manchmal gibt es Hindernisse, welche zu überwinden schon an sich eine Herausforderung darstellt, aber so habt Ihr die Voraussetzung geschaffen, Euren Weg in Euer eigenes Selbst zu erleuchten und die Bahn frei zu machen für den bereitgestellten Erfolg. Wisset, die Qualitäten, die es in Euch zu entdecken gilt, sind so gelagert, dass es Euch in keinster Weise schwer fallen sollte sie auszuüben, da Ihr damit schon in unzähligen Eurer Inkarnationen zu tun hattet. Ihr müsst sie nur wiederfinden. Unter all dem Schutt und den Bergen von Gefühlsmüll werdet Ihr das Geschenk Eurer Begabung entdecken und könnt es zu Eurem und dem Wohl unzähliger Eurer Mitbrüder und Mitschwestern nützen. Ihr habt eine besondere Aufgabe gewählt, die immer Euren gewählten Fertigkeiten entspricht. Das Einzige, das Ihr dazu tun müsst ist, den Mut und die Anerkennung für Euer Tun aufzubringen. Niemand auf dieser Welt ist aus Zufall an dem Platz, an dem er sich gerade befindet. Niemand wurde dazu gezwungen, all die Belastungen und Hürden auf sich zu nehmen. Es ist die freiwillige und freudige Entscheidung dahinter, die die Aufgabe stellt und zu der Eigenen macht. Nie sollen Zweifel hochkommen, wenn vielleicht ein

Problem den Lebensweg blockiert. Auch hier liegt die Lösung in der Tat. Auch wenn es mühsam und schmerzhaft erscheint, auch wenn Ihr die Bequemlichkeit und den Luxus vorzieht und auch wenn Euch Zweifel und Verhinderungen begegnen, hört auf die leisen, inneren Worte. Sie mögen Euch durch Träume nahe gebracht werden oder aber durch leise Stimmen im Hinterkopf, Eure Gedanken kommentierend oder anzweifelnd. Es ist Euer göttliches Ich, Eure göttliche Verbindung, Euer Höheres Selbst das versucht, das immer lautere Ego zu überstimmen und mit Euch in Kontakt zu treten. Hier solltet Ihr aufmerksam werden und die Taten setzen, die Euch dorthin bringen, wo auf Euch geachtet und für Euch gesorgt wird, um den riesigen Berg an Müll wegzuräumen und Euch leicht für neue Entscheidungen werden zu lassen.

Der erste Schritt fällt jedem sehr schwer, aber betrachtet es als die Einweihung zu neuen Erkenntnissen und Fortschritten, die Euch die zukünftigen Aufgaben um vieles erleichtern. Es geht soweit, dass Ihr mit Eurer aktiven Bereitschaft und Mitarbeit auch die Funktion übernehmt, in Euren Familien, im Freundeskreis als auch in Eurer Arbeitswelt neue Energie einzubringen, die Eurem Nächsten wiederum die Aufgabe vielleicht zum ersten Mal ermöglichen und auch erleichtern mag.

Hier sind Wille und Bereitschaft sehr gefragt.

Zusätzlich könntet Ihr damit beginnen Eure Umwelt aus einer anderen Perspektive zu betrachten. Habt Ihr Euch schon einmal Gedanken darüber gemacht, warum Ihr genau diese bestimmten Menschen um

Euch habt. Sie alle treten in Kontakt mit Euch, reagieren auf Eure Worte und Handlungen und lösen die verschiedenen Reaktionen in Eurem Bewusstsein aus. Nichts bleibt unversucht und die verborgensten Gefühle kommen an die Oberfläche. Es gibt die verschiedenen dramaturgischen Momente, die aus der Vogelperspektive oder besser von der anderen Seite des Schleiers sehr leicht zu Durchschauen wären. Durch Eure Fixierungen und Blockaden habt Ihr diesen Einblick nicht und verstrickt Euch so immer tiefer in den Spielen des Lebens. Erkennt Ihr aber Eure Position als der Regisseur Eures Spieles, löst sich manches in Wohlgefallen auf. Ihr beginnt den Faden der Handlung zurückzuverfolgen und stoßt am Ende auf die Erkenntnis, dass alles aus dem Nichts entstanden ist. Alle Enden haben einen Anfang und hier individualisierte sich der Weg des Einzelnen. Es entstanden die Verknüpfungen und Verwicklungen, die das schnelle Vorwärtskommen unmöglich machten und die Fäden und Lebensläufe auch immer mehr aneinander banden. Eure Aufgabe ist es nun zu beginnen den Anfang wieder zu finden und somit eine Lösung der Verstrickungen herbeizuführen. So erkennt ihr auch ganz klar, dass es schon einiges an Klarheit bringt, wenn ein Einzelner es wagt und den Mut aufbringt, sich auf den Weg zu machen.

Erreicht Ihr das Ziel, seid Ihr frei und dürft Eure gemachten Erfahrungen den Anderen auf verschiedene Arten weitergeben. Nach jeder Erkenntnis sowie bei der Entwirrung jedes einzelnen Fadens wird es einfacher, und genauso verhält es sich bei Euch Menschenkindern. Trachtet nicht danach es am besten zu wissen, sondern ermöglicht den Anderen, möglichst schnell ihre eigene Befreiung zu erlangen. So habt Ihr das gleiche Ziel und könnt erfolgreich für die Menschheit arbeiten.

Die Lösung all dieser verschiedenen Aufgaben dürfen wir Durch Euch erleben und erfahren, wir ehren und wir schätzen Euch für den Mut und die Bereitschaft, die bei vielen von Euch immer klarer zu erkennen ist.

Wir sind mit Euch und lieben Euch.

Die Euren.

Autorenbeschreibung

Silvia Widmann, geb. 1962 in Wien, war nach der Matura viele Jahre Flugbegleiterin, bereiste die ganze Welt und lernte somit Menschen in ihrer Vielfalt und Verschiedenartigkeit kennen. Danach kam die Zeit der Mutterschaft und Familie und eine intensive Beschäftigung mit dem Thema "Indigokinder", da sie selbst drei zur Welt brachte.

Seit ihrer Kindheit hatte sie natürlichen Kontakt zu Schutzengeln und Geistwesen, die immer zu ihr sprachen und war lange in dem Glauben, dass das bei jedem Menschen so sei, bis sie merkte, dass ihre Umgebung damit nichts anfangen konnte. Es lag in der Natur der Sache, dass sie sich schon sehr früh mit Esoterik beschäftigte und sich großes Wissen aneignete.

Seit dem Jahre 2002 befasst sie sich intensiv mit Rückführungen sowie mit Reinigungen von Fremdenergien. Sie gründete mit einigen anderen Rückführungsleitern den Verein AARRR, dem sie als Präsidentin vorsteht.

Nach Erlernen der automatischen Schrift entdeckte sie wieder und intensiver ihren Kontakt zu ihren geistigen Freunden und ihre Fähigkeit als Channel-Medium.

Bald nach den ersten Durchgaben meldeten sich Meister der Großen Weißen Bruderschaft bei ihr. Die Botschaften gewannen immer mehr an Qualität, Klarheit und Aussagekraft.

Gemeinsam mit Annemarie Loderer unterstützt Silvia Widmann im Zentrum „Platz an der Sonne" in Baden bei Wien Menschen auf ihrer spirituellen Entwicklungsreise, sowohl in Einzelsitzungen als auch im Rahmen von Seminaren.

Web-Links und Mail-Adressen

Annemarie Loderer

Seminarzentrum Platz an der Sonne
A-2500 Baden bei Wien

Web: http://www.platz-an-der-sonne.cc

Mail: a.loderer@aon.at

Rückführungsverband:

AARRR – Austrian Association for Reincarnation, Research and Regression

Web: http://www.rueckfuehrungsverband.at

Mail: office@rueckfuehrungsverband.at

Ruth Panrok

Arcturianische Lichtbehandlungen und Ausbildungen

Web: http://www.arcturus.cc

Mail: office@arcturus.cc

Silvia Widmann

Mail: s.widmann@gmx.at